Mete Atay

yeni TÜRKÇE 4

ÖNEL Verlag

Bu kitap, Mete Atay başkanlığında deneyimli eğitimciler çalışma grubu tarafından hazırlanmıştır.

ISBN - Nr. 3 - 929490 - 46 - 3
Best.- Nr.: Ö 0463

Yeni Türkçe 4
Autor/Yazar:
Mete Atay

Illustrationen/Çizimler
Grafik Dizayn/Grafik Tasarım
İrfan Ertel

Renk Ayrımı Film Çıkış
Nef Grafik

Umschlag/Kapak
İrfan Ertel

Satz und Umbruch:Önel Yayıncılık-İstanbul
Druck/Basım Yeri: Önel-Köln

Vertieb / Dağıtım ve Sipariş Adresleri:
ÖNEL VERLAG
Silcherster.13
50827 Köln
Tel : (0221) 587 9084
Fax : (0221) 587 9004

Zu diesem Buch gibt es ein Arbeitsheft (Best.- Ö498)

İÇİNDEKİLER - INHALT

Üniteler - Unterrichtseinheiten

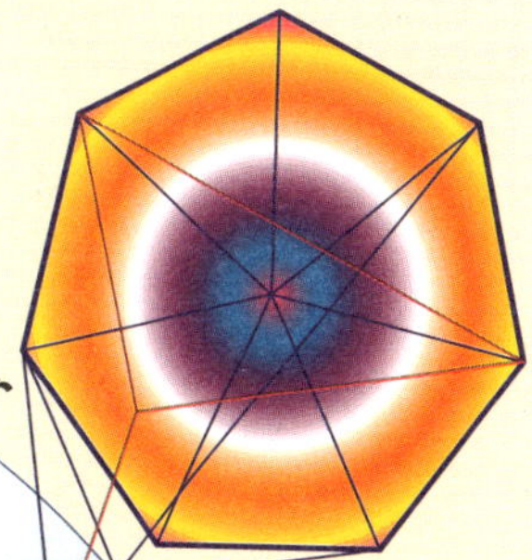

Sevdiklerim

Okula gidişimi severim
Uçuçböceğinin kollarımda gezmesini
Akasya yapraklarının başıma değmesini

Annemin bakışını severim
Meyve ağaçlarının bir gecede açmasını
Tavşanın korkup yuvasına kaçmasını

Arkadaşımın gülüşünü severim
Serin bahar rüzgârının yüzüme değmesini
Güzel renkli tırtılın dut yapraklarını yemesini

Babamın evde oluşunu severim
Çam ağaçlarının kışın bile yeşil kalmasını
Kartalların çok yüksek yerlere yuva yapmasını

Süreyya BERFE

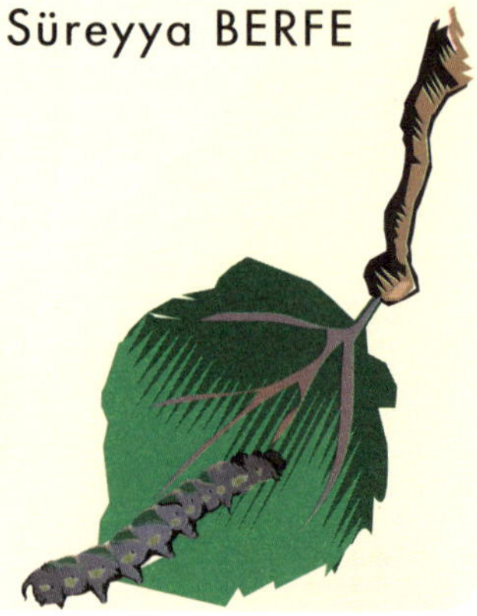

1 - Şiirdeki çocuk neleri seviyor ?
2 - Sen bunlardan hangilerini seviyorsun ?
3 - En çok sevdiğin ve sevmediğin beş şey nedir ?
4 - Okul yolunda neler görüyorsun ?
5 - Okula nasıl gidiyorsun ? Okul yolunu kroki şeklinde çizerek göster.
6 - Uçuçböceği, anne, tırtıl, arkadaş, rüzgâr, yaprak, kartal sözcüklerini şiirde bul. Şiirde almış olduğu eklerle birlikte şöyle yaz.

Uçuçböceği >>>>> uçuçböceğinin
Anne >>>>> annemin

Yeni Öğretmenimiz

Genellikle öğretmenler sorar, öğrenciler cevap verir. Bu defa öyle olmadı. 4-a sınıfı, yeni öğretmenlerini soru yağmuruna tutuyorlar. Öğretmenlerini daha yakından tanımak istiyorlar. Öğretmenleri de sabırla cevaplar veriyor. İşte öğretmenin verdiği cevaplar:

Birgül Koyuncu. Kırk yaşındayım. On dokuz seneden beri Almanya'dayım. On beş yıldan beri, Türkçe öğretmenliği yapıyorum. Frankfurt ve Köln şehirlerinde çalıştım. Evliyim. İki oğlum var. Adları Görkem ve Can. Görkem on üç, Can dokuz yaşında. Eşim de öğretmen. Öğretmenliği çok seviyorum. Bence, Türkçe dersi çok önemli. Yurtdışındaki çocuklar iki dili birden öğrendikleri için çok şanslı. Boş zamanlarımda kitap okuyorum, yüzmeye gidiyorum. Türkiye'de Beşiktaş takımını tutuyorum. Hayvanlardan kedi ve atı seviyorum. Evet, güzel yemek pişiririm. Daha çok Türk yemekleri yaparım.
İzinde, genellikle Türkiye'ye gidiyoruz. Çünkü, Türkiye'yi çok seviyorum ve orada akrabalarımız var. Almanya'yı da seviyorum. Alman arkadaşlarım da var. Onlarla çok iyi anlaşıyoruz.

Yurtdışındaki çocuklara, hem anadillerini, kültürlerini hem de yaşadıkları ülkenin dilini çok iyi öğrenmelerini tavsiye ederim.

Röportaj
1. Bir gazete yazarının, gördüklerini anlatan yazısı, 2. Radyo ve televizyon habercisinin araştırma ve soruşturma sonucunda hazırlamış olduğu program.

1- Öğrenciler, yeni öğretmenlerine neler sormuşlar?
2- Başka neler sormak isterdin?
3- Buradaki soruları, kendi Türkçe öğretmeninize sorarak, onunla röportaj yapın?
4- Anne veya babanla bir röportaj yapsan neler sorardın?

Adı : *Günseli*
Soyadı : *Atay*
Doğum Tarihi : *28.12.1985*
Doğum Yeri : *Bad Honnef*
Burcu : *Oğlak*
Telefon : *0228/45826*
Adres : *Hauptstraße 42*
53170 Bonn
Saç rengi : *Kahverengi*
Göz rengi : *Kahverengi*
Boyu : *1.60 m*

Hobileri : *Okumak, Sinemaya gitmek.*
Hayalindeki meslek : *Spiker yada Veteriner*
Sevdiği renkler : *Mavi, Sarı, Beyaz.*
Sevdiği hayvanlar : *Kedi, köpek, at, tavşan.*
Sevdiği yiyecekler : *Makarna, pizza, tavuk*
Sevdiği yazar : *Astrid Lindgren, Muzaffer İzgü, Erich Kestner*
Sevdiği artist : *Leonardo di Caprio, Tarık Akan*
Sevdiği şarkıcı : *Tarkan, Mustafa Sandal, Nilüfer.*
Sevdiği film : *Titanic, Mr. Bean*
Korktuğu şeyler : *Karanlık, Yılan, Örümcek.*
Sevmediği şeyler : *Yalan, alay etmek, kıskançlık.*
Hatıra defterinin sahibine söylemek istediği şeyler : *Yaşamın boyunca sağlık ve başarılar dilerim.*

Sepet sepet yumurta,
Sakın beni unutma,
Unutursan küserim,
Gözlerinden öperim.

Arkadaşın Günseli

1 - Anı defterinde neler var ? Neler soruluyor ?
2 - Anı defteri yazılırken nelere dikkat etmeli ?
3 - Anı defterini okuyunca, yazarı hakkında neler öğreniyorsun ?
4 - Neden anı defteri tutuluyor ?

Çocuklar Yaşadıkça Öğrenir

Bir çocuk eleştiriyle yaşarsa
Ayıplamayı öğrenir.

Bir çocuk düşmanlık ile yaşarsa
Kavga etmeyi öğrenir.

Bir çocuk alay ile yaşarsa
Çekingenliği öğrenir.

Bir çocuk utançla yaşarsa
Suçluluğu öğrenir.

Bir çocuk hoşgörüyle yaşarsa
Sabırlı olmayı öğrenir.

Bir çocuk teşviklerle yaşarsa
güvenmeyi öğrenir.

Bir çocuk övgülerle yaşarsa
Takdir etmeyi öğrenir.

Bir çocuk adalet içinde yaşarsa
Adil olmayı öğrenir.

Bir çocuk güven içinde yaşarsa
İnanmayı öğrenir.

Bir çocuk onaylanmışlık içinde yaşarsa
Kendi kendinden memnun olmayı öğrenir

Bir çocuk kabul edilmişlikle ve arkadaşlar
arasında yaşarsa
Dünyada sevgiyi bulmayı öğrenir.

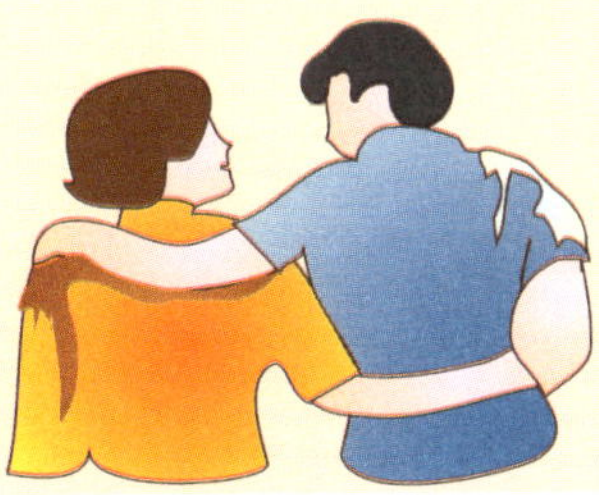

1 - Resimleri incele. Çocukların el ve yüz hareketlerinden neler anlıyorsun ?
2 - Çocuklar nasıl eğitilmeli ? Neler öğrenmeli ?
3 - Eleştiri, hoşgörü, düşmanlık, barışma, güven sözcüklerini sözlükte bul ve üzerinde konuş.
4 - Çocukların eğitimi ve kişiliklerini çizelgede göster.

eğitim	kişilik
eleştiri	ayıplama
düşmanlık	kavga
alay	....

Okulda Bilgisayar

Bilgisayar, iyi kullanan birisi için, bitmeyen kalem, eskimeyen defterdir. Son yıllarda insanlar, bilgisayardan her alanda yararlanıyorlar.
Bir bilgisayarı üç bölümde inceleyebiliriz:

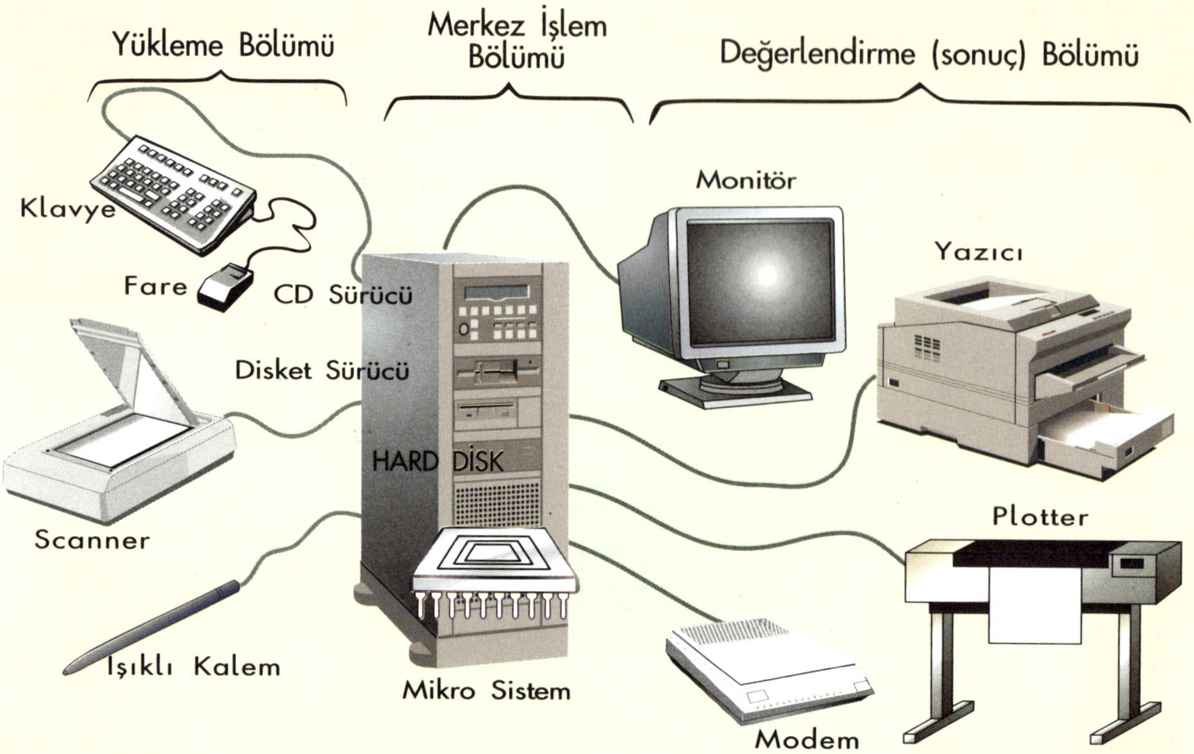

Bilgisayar ilkokullara kadar girdi. Bazı okullarda, Almanca, matematik, resim ve müzik derslerinde, trafik eğitiminde bilgisayar kullanılıyor. Ama herkes aynı fikirde değil. Bazıları, ilkokullarda bilgisayar kullanımını erken buluyor. Bu konuda değişik görüşler var:

* Çocukların yazısı bozuk oluyor.
* Daha iyi konsantre oluyorlar.
* Gözleri çabuk bozuluyor.
* Çocuklar daha az düşünüyor.
* Daha çok ve çabuk alıştırma yapabiliyorlar.
* Tekniği iyi kullanıyorlar.
* Grup çalışmasını engelliyor.
* Oynayarak daha uzun ve zevkle çalışıyorlar.
* ....

Sorular:

1- "Bitmeyen kalem, eskimeyen defter," ne demektir ?
2- Bilgisayar kaç bölümden oluşuyor? Her bölümde neler var ?
3- Bilgisayarla neler yapabiliyorsun ?
4- Yukardaki görüşlerden hangileri bilgisayarın ilkokula kullanılmasına karşı, hangileri taraftar ?
5- Sen bu görüşlerden hangisine katılıyorsun? Neden?

Japonyada Eğitim

Japonya'da çocuğa çok önem veriliyor. Çocukların eğitimi, ülkenin en önemli konularının başında geliyor. Çocuk, üç yaşında ana okuluna başlıyor. Her semtte anaokulu var. Çocuğun doğumundan itibaren, devlet herşeyi hazırlıyor.Okulu, öğretmeni, defteri, kalemi... Büyüyünce de işi hazır.

Japonya'da, zorunlu öğretim dokuz yıl. Bundan sonra okumak isteyen ya devletin ucuz liselerine gidiyor ya da İngilizce öğretim yapan, pahalı kolejlere. Bu kolejlere, zorlu sınavlarla giriliyor. Okullarda öğretim de zor. Öğrenciler okul dönüşünde, evde en az dört, en çok altı saat ders çalışıyorlar.. Ama, bu okulları bitiren çocuklar, çok iyi iş buluyorlar. Yaşam boyu da rahat ediyorlar

Okullar yılda kırk gün kapanıyor. Ancak bu tatil boş geçmiyor. Çocuklara haftalık ödev veriliyor. Her hafta sonunda öğrenciler, okula gidip ödevlerini öğretmenlerine imzalatıyorlar. Tatilde başka bir kente gitmek isteyen bir öğrenci. okuldan izin almak zorunda. Bu izin ödevlerini aksatmamak koşuluyla veriliyor.

Sık sık okul gezisi yapılıyor. Ama bu geziler, eğlenip dinlenmek için yapılmıyor. Derste öğrenilenler, yerinde inceleniyor. Ormana götürülen çocuklar bir yandan çevreyi incelerken, bir yandan da ağaçların altlarını temizliyor. İlkbaharda ilkokul öğrencileri, deniz kenarına götürülüyor. Kış boyunca dalgaların taşıdığı çöpleri temizliyorlar.

Japonya'da çocuklar güzel sanatlara da yönlendiriliyor. Japonlar, dünyada en çok kitap okuyan ülkelerin başında geliyor. Okuma alışkanlığını daha çocukken kazanıyorlar. Japonya tam bir kitap cenneti, insanlar da kitap oburu. Okumaya doymuyorlar. Bebekler için bile kitap hazırlanıyor Japonya'da.

Gülten Dayıoğlu

1 - *Japon eğitim sistemi hakkında neler öğreniyorsun ?*

2 - *Japonya'da okul gezilerinde ve tatilde neler yapılıyormuş ? Bunlardan hangilerini beğenip doğru buluyorsun ?*

3 - *Japonlar neden en çok kitap okuyan insanların başında geliyor ?*

4 - *Japon eğitim sistemi ile kendi gittiğin okulun sistemini karşılaştır ?*

5 - *Japon, kolej, müjde, garaj, judo, bagaj, pijama, jant, deterjan, oje, orjinal, ruj sözcüklerini sesli oku. Bunları defterine yaz.*

Mutlu Kalem

Ben bir kurşun kalemim. Dışım ağaçtan içim ise kömürden yapılmıştır. Beni ve arkadaşlarımı bir fabrikada yaptılar.

Bir adam beni ve arkadaşlarımı satın aldı. Sonra uzun bir yolculuk yaptık. Sonunda bir dükkâna konuk olduk.

Güzel bir gündü. Vitrinde durmuş çevremi seyrediyordum. Bir çocuk içeriye girdi. Beni satın alıp, çantasına koydu. Evine götürdü. Kalemtıraşını çıkarıp ucumu açmaya başladı.

O an çok heyecanlandım. Biraz da korktum. Ama o, ucumu dikkatlice açtı. Canımı hiç acıtmadı; Sonra da bir kâğıda adını ve soyadını yazdı: Zeynep Çalışkan.

Zeynep'in yazısı inci gibi güzeldi. O ödevini yazarken ben mutluluktan uçuyordum.

Betimleme : **Varlıkların özelliklerini benzerlerinden ayrı ve özgün yanlarını, göz önünde canlandıracak biçimde söz ya da yazıyla anlatma.**

1 - Ağaçtan kaleme kadar olan evreleri sırası ile anlat ve yaz.
2 - Ağaç kendini nasıl tanıtıyor ? Sen de, başka bir ders aracını tanıt.
3 - Kalemi kim, nerden alıyor ? Alan, kalemle neler yapıyor ?
4 - Kalem, "mutluluktan uçuyor" neden ?

Okul Eğlencesi

Okulumuzda yaz eğlencesi yaptık. Salonda piyes gösterildi. Okul korosu şarkılar söyledi. Türkçe öğretmeni, Türk ve Alman öğrencilerden oluşan bir folklor ekibi kurdu. Bu ekibin oyunları çok beğenildi. Ailelerimiz pasta, Türk yemekleri getirdiler. Kahve ve çay pişirip sattılar. Buradan elde edilen paraları, "Kimsesiz Çocuklar Vakfına" bağışlayacağız. Çocuklar için de gerçek bir bayram oldu. Çok değişik ve çeşitli oyunlar oynadık. Elma yeme, çuval, yumurta, iğne iplik takma, balon traşı, kutu devirme, halat çekme, penaltı atışı gibi yarışmalar yapıldı. Bunlar çok zevkli ve eğlenceliydi. Tüm yarışmalara katıldım. Bazılarını kazandım ve küçük hediyeler aldım.

1- Okul eğlencesinde neler yapılmış?
2- Kazandıkları parayı ne yapacaklarmış?
3- Hangi yarışmalar yapılmış? Bunları resimlerde göster ve adlarını yaz.
4- Bu oyunlar nasıl oynanıyor? Bildiğin oyunları, kuralları ile anlat?
5- Sizin okulda da yaz eğlencesi yapılıyor mu? Siz neler yapıyorsunuz?

Her Geçenin Sözünü Dinlersen

Nasreddin Hoca, bir gün, kasabaya giderken
Küçük oğlu tutturmuş: "Geleceğim, diye, ben!"

Karakaçan'a binmiş sevinç içinde oğlan,
Hoca da arkasında yola düzülmüş, yayan.

Yolda biri: "Ne kötü günlere kaldık!" demiş.
"Babası yürüyor da oğlu eşeğe binmiş."

Hoca, kendisi binmiş indirip çocuğunu...
Fakat, biraz ötede, biri görünce bunu.

Demiş: "Ne kalpsiz adam, çocuğu yürütüyor,
Kendi eşek sırtında, bak, göbek büyütüyor!"

Hoca, bu sefer almış terkisine çocuğu...
Bir yolcu duralamış, demiş: "Hainliktir bu!"

"İki kişi biner mi hiç eşeğin üstüne?"
Hoca, çocuğu ile aşağı inmiş yine:

"Her geçenin sözünü dinlersen eğer, demiş,
"Eşeği sırtlamalı. Yok yapacak başka iş!..."

Rakım ÇALAPALA

1 - Nasrettin Hoca nereye gidiyor ?
2 - Nasrettin Hoca kaç şekilde eşeğe biniyor ?
3 - Görenler her defasında neden Hoca'ya sataşıyorlar ?
4 - Bu fıkranın ana düşüncesi, yani bize vermek istediği ders nedir ?

Herkesin Bir Huyu Var

Ali'nin derdi oyun
Der ki : Kurusun huyum!
Ne yemek düşünürüm
Ne ders aklıma gelir
Hep oyuna koyulurum...

Ayşe'nin derdi televizyon
Diyor ki : Kurusun huyum!
Ne anneme yardım etmeyi
Ne başka şeyi düşünürüm
Ekranın başına kurulurum...

Mehmet'in derdi kitap
Der ki : Ne güzel huyum!
Ne bulursam okurum
Böylece artar bilgim
Başarılı olurum...

Seyfi Güneyli

1 - *Kimler huylarından memnun değil? Neden?*
2 - *Kim huyundan memnun? Neden?*
3 - *"Kurusun huyum„ ne demektir?*
4 - *Hangi huylarını beğeniyorsun? İyi huyların?*
5 - *Hangi huylarını beğenmiyorsun? Kötü huyların?*
6 - *Huy ne demektir? "Huy„ sözcüğü ile cümle kur.*
7 - *Boş zamanlarında neler yapıyorsun*

Unutamadığım Olay

Beş yaşındaydım. Bizim ailenin ilk çocuğu ve torunuydum. Yakınlarımızın ve komşularımızın da küçük çocukları yoktu. Herkes beni çok ama çok severdi. Bunun için hiç kötülük düşünmez, çağıran herkese kolayca giderdim. Aslında biraz da şımarıktım.

Bir gün evimizin yakınındaki parkta oynarken uzun boylu, esmer, bıyıklı, kırk yaşlarında, kır saçlı, şapkalı bir adam yanıma yaklaştı. Bana çeşitli sorular sordu. Beni iyice tanıdı. Daha sonra bana çok güzel sözler söyledi. Anlattıklarını dinledikçe adamı çok sevdim.

Biraz sonra o benim elimden tuttu. Birlikte çocuk bahçesinden çıktık. Caddeye gelince adımlarını hızlandırdı.

Tesadüfen karşımızdan gelen annem telaşla bağırdı:

– Ahmet, nereye gidiyorsun?

– Bu amca ile ... derken daha sözümü bitirmeden adam elimi bıraktı. Bütün hızı ile koştu. İlerde duran arabaya bindi ve hızla uzaklaştı.

Annem beni bağrına bastı. Hem ağlıyor, hem de adamın arkasından bağırıyordu. Annemin sesini duyanlar koşup geldiler. Bir anda insanların arasında kaldım. Söylenenleri dinledikçe durumu anladım. Ben de korktum ve ağlamaya başladım.

Yanımızdaki komşularla birlikte eve geldik. Durumu öğrenen babam, dedem ve komşular bana neler söylediler neler... Kimisi kızdı bağırdı, kimisi öğütler verdi. Babam hemen polise telefon etti. Biraz sonra polisler geldiler.

Ne zaman uzun boylu, şapkalı, bıyıklı bir yabancı görsem bu olayı hatırlar, korkarım.

Satır : Düzyazıda, yanlamasına dizilmiş sözcükler dizisine denir.
Satır sonuna sığmayan sözcükler hecelerinden bölünür ve satır sonuna çizgi (-) konduktan sonra, geri kalan heceler alttaki satırın başına yazılır.

1 - Yukarıdaki düzyazıda kaç satır var ?
2 - Yandaki numaralar ne işe yarar ?
3 - Adamın nasıl birisi olduğu kaçıncı satırlarda anlatılıyor ?
4 - Annesi nasıl bağırıyor ? Bu kaçıncı satırda ?
5 - 15. - 18. satırlar arasında neler anlatılıyor ?
6 - Adam çocuğu kaçırsa neler olurdu ? Sen de unutamadığın bir olayı anlat.

Türkçemiz

Annenden öğrendiğinle yetinme
Çocuğum, Türkçe'ni geliştir.
Dilimiz öylesine güzel ki
Durgun göllerimizce duru,
Akar sularımızca coşkulu...
Ne var ki çocuğum,
Güzellik de bakım ister!

Önce türkülerimizi öğren,
Seni büyüten ninnilerimizi belle,
Gidenlere yakılan ağıtları...
Her sözün en güzeli Türkçemizde,
Diline takılanları ayıkla,
Yabancı sözcükleri at!

Bak, devrim, ne güzel!
Barış, ne güzel!
Dayanışma, özgürlük...
Hele bağımsızlık!
En güzeli sevgi!
Sev Türkçe'ni, çocuğum,
Dilini sevenleri sev!

Rıfat Ilgaz

Dil : Bir insan topluluğunun düşünce ve duygularını anlatmak için kullandığı anlaşma aracı.

Anadil : Kendisinden başka diller türediği kabul edilen asıl dil.

Anadili : İnsanın, çocukken anasından babasından ve yakın çevresinden öğrendiği dil.

1 - "Annenden öğrendiğinle yetinme" ne demektir ?
2 - "Güzellik de bakım ister" sözüyle ne anlatılmak isteniyor ?
3 - Türkçe'yi daha güzel konuşmak için neler yapmak gerekir ?
4 - Dil, anadil ve anadili ne demektir ? Anadili neden önemlidir ?

A, B, C

Harflerle yazılır her söz
Her kelime, her hece
Harflerle gelir gündüz
Harflerle gider gece
A, B, C...

Yanağında gül açar
Çocukların gülünce
Harflerle ulaşılır
Bilgiye ve sevince
C, D, E...

Okulu, sınıfı, öğretmeni
Kitabı, kalemi, defteri
Nasıl anlatabiliriz?
Harflerle
F, G, Ğ...

Kuşların uçuşunu
Rüzgarların sesini
Hep harflerle yazarız
Çiçeklerin rengini
H, I, İ...

Eğer harfler olmasaydı
Annemi, Babamı, doğayı
Yurdumu, bütün insanları
Ayrı ayrı sevdiğimi
Söyleyemezdim, yo...
M, N, O...

Kedimin mırıltısını
Sobamın çıtırtısını
Suların şırıltısını
Duyarım hep harflerle
J, K, L...

Harfler arının balı
Harfler renklerin alı
Harfler ağacın dalı
Herşey sığar harflere
Ö, P, R...

İnsan adsız olurdu
Hayat özsüz olurdu
Şarkılar sözsüz olurdu
Harfler bulunmasaydı.
S, Ş, T...

Harfler yüceltir bizi
Harfler sözlerin gizi
Harflerdir yazının özü
Harfler güzel eder sözü
U ve Ü...

Barış Harflerle yazılır
Acı, özlem, sevgi de..
Harflerle ulaşılır
İyiye, güzele doğruya.
Bunları böylece yaz.
V, Y, Z...

Fevzi Günenç

Bir dildeki harflerin, belirlenmiş bir sıraya göre dizilmiş şekline abece (alfabe) denir.

Kendi başına anlamı olan veya cümle kurmaya yarayan ses veya ses topluluğuna sözcük (kelime) denir.

Ağzımızın bir hareketiyle çıkan ses ya da ses topluluğuna hece denir.

Yazıda bir sesi göstermek için kullanılan şekil ya da işarete harf denir.

- *Dörtlüklerin altındaki harfleri sıra ile yaz. Sesli harfleri yuvarlak içine al.*
- *Bir heceli beş sözcük bul : Söz, ..., ..., ..., ...,*
- *İki heceli beş sözcük bul : He-ce, ..-.., ..-.., ..-.., ..-..,*
- *Üç heceli beş sözcük bul : Harf-ler-le, ...-...-..., ...-...-...,...-...-...,...-...-...,*
- *Dört heceli beş sözcük bul : Ço-cuk-lar-ın, ...-...-...-..., ...-...-...-...,...............*

Yılın Türküsü

– Harfleri tanıyın çocuklar
Türkü söyler gibi ağzınızla siz
Bir bölümü sesli bu çizgilerin
Bir bölümü sessiz

Sesliler ses verendir
Sessizler ses alan
Alamadı mı
Söylenemez okunamaz kalan

8 tanedir seslilerimiz
Yarısı kalın yarısı ince
Kalın ya da ince seslendirirler
Sessizlerin yanlarına gelince

A I O U
Kasırgaya boraya benzer
E İ Ö Ü
Yaz gecesindeki aya benzer

Anneler babalar sevinir niye
Bugün yarın
Hepsi seslidir çünkü
Bütün çocukların

F.H. Dağlarca

Bir sözcüğün ince sesli ile başlayıp ince sesli ile bitmesi ve kalın sesli ile başladı ise, yine kalın sesli ile bitmesi olayına BÜYÜK SES UYUMU denir. Örnek :
Türkiye - toprak - süpürge - çorapçı - bisiklet - yağmur - biletçi

1 - Sesli harfle, sessiz harfleri nasıl ayırırsınız ? Arada ne gibi farklılıklar var ?
2 - Sesli harfleri, ince ve kalın harfler olarak, ayırarak yaz.
3 - Harflerin üzerindeki varlıkların isimlerini söyle ve sırayla yaz.
4 - Büyük ses uyumu kuralına uyan ve uymayan beşer sözcük bulun.

Harflerin Kraliçesi

Bütün harfler, a'dan z'ye,
başlamışlar aralarında
tartışmaya:

A– Ben ilk harfim. Öyleyse
kraliçe benim.
İ – Hayır, kraliçe benim.
Bakın üstümde noktam
var.
Ö ile Ü – Bizim üstümüzde
iki nokta var. O zaman
kraliçe biziz.
K– Ben olmazsam ne kral,
ne kraliçe yazılır.
Harflerin kraliçesi
benim.
Ğ– Asıl kraliçe benim.
Bakın tacım bile
başımda. ....

Harflerin hepsi şaşırmışlar.
Düşünmeye başlamışlar...

Yabancı sözcük : Bir dilin kendi kökünden gelmeyen, odile başka bir dilden gelen sözcüklere denir. Örnek : kral, spor, program, televizyon, gardrop, lavabo...

1 - Harfler kendi aralarında niçin tartışıyorlar ?
2 - Burada konuşan harflerin söylediklerini doğru buluyor musun ?
3 - Diğer harfler neler söylemiş olabilirler ?
4 - Sizce harflerin kraliçesi kim ?
5 - öğretmen, ağaç, değirmen, yağ, soğan, sağlık, dağ, yağmur, sözcüklerini defterine yaz.
Yumuşak g (ğ) sözcük başına gelmez

Men ki gara degilem

Türkçe. Türkiye'den başka ülkelerde de konuşulmaktadır. Türkçe, dünyada en çok konuşulan yedinci büyük dildir.
Bu ülkelerde, gerek okur, gerek yazarken bazı değişikliklere uğramıştır. Türkiye içinde bile, bazı bölgelerde farklı söylenen sözcükler vardır.
f Aşağıdaki şiir, Azarbeycan Türkçesi ile yazılmıştır. Bu şiiri dikkatle oku.

Sevinç yudu üzünü,
Saçlarını daradı.
Gözgüye bahıp dedi:
Men haram garadı ?

Men ki ağappak gizam;
Ağ gülden seçilmirem.
Bes niye anam mene
Gara deyir, bilmirem.

Bahtiyar Vahapzade

üz : ***yüz***
yudu : ***yıkadı***
gözgü : ***ayna***
men : ***ben***
haram : ***nerem***
garadı : ***karadır***
ağ : ***ak***

ağappak : ***ak, pak***
seçilmirem : ***farkım yok***
bes : ***öyle ise***
deyir : ***diyor***
bilmirem : ***bilmiyorum.***

1 - Hangi sözcükleri kolayca anlıyorsun ?
2 - Hangi sözcükleri anlamıyorsun ?
3 - Hangi sözcükler az değişikliğe uğramışlar ?
4 - Yukarıdaki açıklamaların yardımı ile, anladığın şekilde şiiri yeniden yaz.

Şifreli Yazı

Dedektif Memo, iz sürüyor. Aşağıdaki şifreli yazının, sırrını çözmeye çalışıyor. Dedektif Memo'ya yardım et ve gizli yazıda neler olduğunu bul.

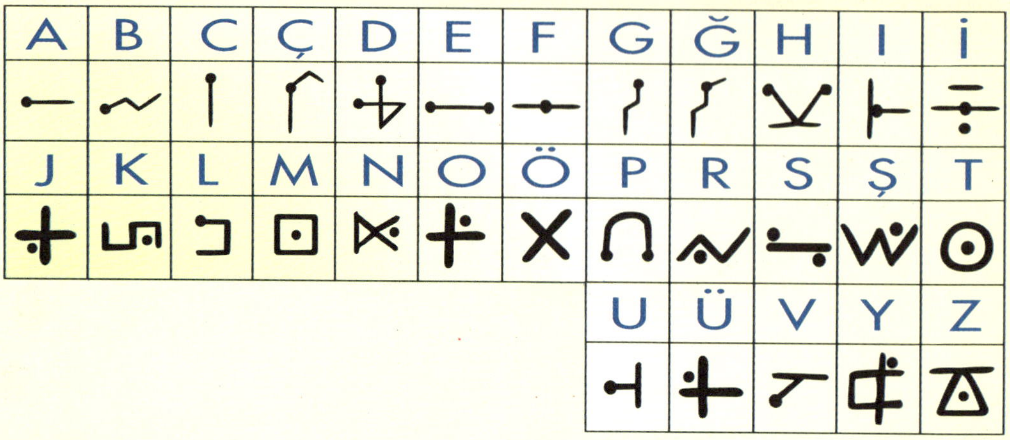

1 - Şifreli yazı ile arkadaşına bir şeyler yaz ve ondan bu gizli yazıyı çözmesini iste.
2 - Kendine özgü, değişik sembollerden oluşan, "gizli yazı" teknikleri geliştir. abece'yi sırası ile yaz. Sessiz harfleri boya.
3 - Türkçe büyük ve küçük temel harfleri el yazısı ile yaz.

Almanca Öğrenen Köpek

Teyzem Almanya'da çalışıyor. Ailece yıllardır oradalar.

Bu yaz onları ziyarete gittik. Köpeğimiz "Bulut"u da birlikte götürdük. Çünkü onu kimseye bırakamazdık... Nasıl desem... Biraz yaramazdır da...

Almanya'da beni çok şaşırtan bir şey oldu:

Teyzemin çocukları hem Türkçe hem de Almanca biliyorlar.

Komşu Alman çocuklarıyla oyun oynuyoruz. Ben bir şey söylüyorum. Teyzemin kızı bunu Almanca olarak onlara söylüyor. Alman çocukların söylediklerini de Türkçe'ye çevirip bana söylüyor. Teyzemin kızı olmasa Alman çocuklarla anlaşamayacağız...

Oysa bizim Bulut, komşu Almanların köpekleriyle kolayca anlaştı... Hem de ne anlaşma... Birlikte koştular, oynaştılar, havlaştılar... Keyfini sormayın...

Şaşırdım kaldım... Bulut Almanca'yı ne kadar çabuk öğrendi!...

S. Denge

	Köpek	**Kedi**	**Horoz**	**İnek**
Türkçe	hav hav	miyav miyav	ü ürü üü	mö
Almanca	wau wau	miau	kikeriki	m u h
İngilizce	bow-wow	meow	cock a-doodle-do	m o o
Fransızca	ouah-ouah	miaou	cocorico	meuh
İtalyanca	bau-bau	miao	chichirichi	m u ù
İspanyolca	jau-jau	miau	quiquiriqui	m ú u
Rusça	gaf-gaf	myaou	kukuriku	mu
Çince	wu-wu	mao	kong-shi	miu
Japonca	wau-wau	n'yao	kokekoko	m o h

Özel İsim : Yeryüzünde tek olan ve benzeri bulunmayan varlıklara verilen isimdir. Özel isimler her zaman büyük yazılır. Sonlarına gelen ekler, kesme işareti (') ile ayrılır.

Emel'de, Bonn'da, Almanya'yı, İngilizce'yi, Türkiye'den

1 - Size kimler konuk geliyor ? Onlarla neler yapıyorsunuz ?
2 - Komşular ve komşu çocukları ile neler yapıyorsunuz ?
3 - İnsanlar nasıl anlaşıyor ?
4 - Hayvanların seslerini, diğer ülkelerin dillerinde çıkar ? Bu fark nereden geliyor ?

Uyaklı Şiir

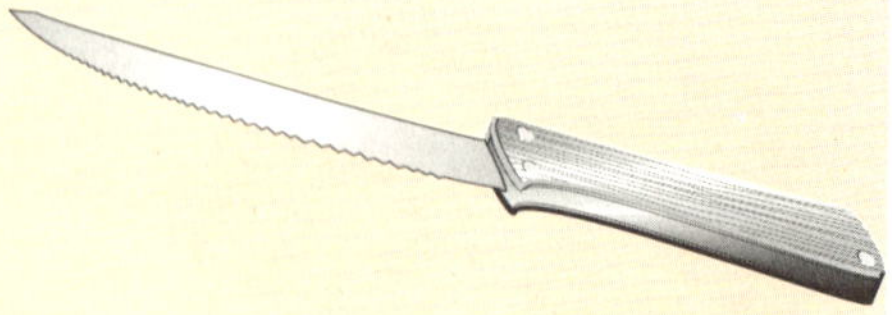

Arkadaşımın adı Dilek,
Bahçeden toplamış.......

Ağaca dayadım merdiven,
Kar yağınca takarım ....

Annem aldı bir oklava,
Sonra yaptı güzel bir ....

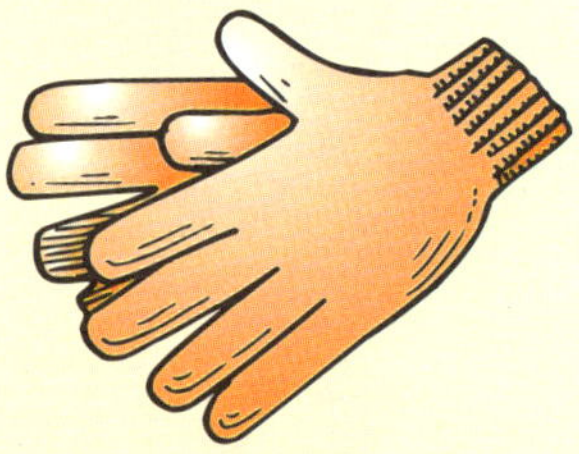

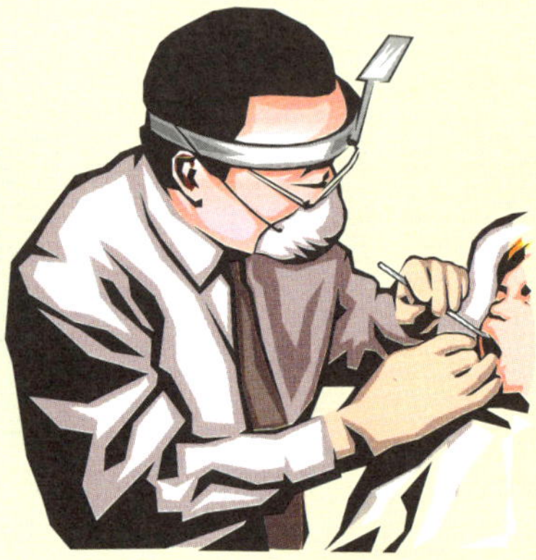

Dolaşır hep çiçek çiçek,
Kanadı benekli.............

Gözüne konunca bir sinek,
Kafasını salladı............

Parkta oynarız oyun,
Kuzusuna bakıyor...........

Havada gezer uçak,
Elimi kesti..............

Kurtar beni dayı,
Ormandan geliyor bir ....

Babam fabrikada işçi,
Amcam Türkiye'de............

* **Şiirde, dize sonlarında yer alan harfler arasındaki ses benzerliğine uyak (kafiye) denir.**

1 - Resimlerin yardımı ile uyaklı sözcükleri sözlü olarak bul.
2 - Bunları tamamlayarak defterine yaz.
3 - İncir, kayak, sarı, çay, çardak, salon, tencere, sözlük, kantar sözcüklerine uyan uyaklı sözcükleri bul.
4 - Kendin uyaklı sözcükler bul ve yukardaki şekilde yaz.

Hızlı Sözcük Bulma Oyunu

1 – ada	21 – çoğul	41 – itiraz	61 – pusula
2 – ahır	22 – çukur	42 – jeton	62 – raket
3 – akvaryum	23 – dadı	43 – jilet	63 – rozet
4 – aralık	24 – dalgıç	44 – kahvaltı	64 – sağır
5 – aşı	25 – derece	45 – keşfetmek	65 – serbest
6 – avuç	26 – düğüm	46 – kolonya	66 – sigorta
7 – bahçıvan	27 – eczane	47 – lahmacun	67 – şemsiye
8 – beşik	28 – eşofman	48 – lütfen	68 – şömine
9 – bisiklet	29 – fayton	49 – madalya	69 – tanık
10 – böcek	30 – feci	50 – modern	70 – teneffüs
11 – buçuk	31 – gelenek	51 – müze	71 – uslu
12 – büyükelçi	32 – gırtlak	52 – nöbetçi	72 – uzman
13 – cankurtaran	33 – güreş	53 – nemli	73 – üçgen
14 – cennet	34 – hafif	54 – ortak	74 – üşenmek
15 – cilt	35 – hardal	55 – ozan	75 – vazo
16 – çağlayan	36 – hürmet	56 – ödünç	76 – viraj
17 – çelenk	37 – ıslık	57 – öksüz	77 – yalnız
18 – çember	38 – ızgara	58 – öykü	78 – yanılmak
19 – çiftlik	39 – ibadet	59 – palyaço	79 – zarf
20 – çivi	40 – iftira	60 – pilot	80 – ziyaret

Sözlük: Bir dilde bulunan sözcük, deyim ve atasözlerini alfabetik sıraya göre dizerek, bunların anlamlarını açıklayan ya da bunların başka dillerdeki karşılıklarını veren kitap.
Yazım (imla): Sözcüklerin yazılışında uygulanan kuralların tümü, sözcüklerin yazılış biçimi.
Yazım (imla) kılavuzu: Yazım kurallarını gösteren kitap.

1 - Yukarıdaki sözcüklerden hangilerinin anlamlarını biliyorsun? Bilmediklerini sözlükten bul.
2 - "Hızlı sözcük bulma oyunu" iki ila beş kişi arasında oynanır.
Her oyuncu, eline bir kâğıt alır. Yukardaki sözcüklerden istediği 8 veya 10 sözcüğü, karışık olarak yazar. Aynı anda oyuncularla kâğıtları değiştirir. Hangi oyuncu, sözcüklerin altına, alfabetik sıraya göre, numaraları doğru yazarsa, o birinci olur. Örnek:

güreş	uslu	madalya	akvaryum	zarf	dalgıç	çelenk	müze	ızgara	sigorta
4	9	6	1	10	3	2	7	5	8

akvaryum, çelenk, dalgıç, güreş, ızgara, madalya, müze, sigorta, uslu, zarf

3 - Bu oyunu, sözlük yardımı ile başka sözcük grupları oluşturup, değişik şekillerde oynayın.
4 - Yazımı zor sözcükleri, yazım kılavuzunda bul.

Kırmızı Balık

Kırmızı balık gölde,
Kıvrıla kıvrıla oynuyor.
Balıkçı Hasan geliyor
Oltasını atıyor.

Kırmızı balık dinle.
Sakın o yemi yeme.
Balıkçı seni tutacak,
Sepetine atacak.

Kırmızı balık kaç, kaç!
Kırmızı balık kaç.

1- Bu şiirin sonucunu, iki şekilde yaz.

a-) Kırmızı balık yemi yemiyor.

b-) Kırmızı balık yemi yiyor. Her iki halde neler olabilir?

2- Bu şiiri, "Tonton Tavşan" olarak, aşağıdaki sözcüklerden ve resimden yararlanarak, şiir olarak yeniden yaz.

ormanda-zıplaya zıplaya-avcı Ali-tüfeğini tutuyor-nişan alıyor-otu-vuracak-torbasına

Tonton Tavşan

Tonton tavşan ormanda,
Zıplaya ....

3 - "Tonton Tavşan" şiirinin sonucunu da, iki şekilde yaz.

Akrabalık İlişkileri

Aile bağlarına
Akrabalık denilir.
Bâzısı soydan gelir,
Sonradandır bazısı.

Ağabey, dayı ve amcamın
Eşleri bana yenge.
Abla, teyze ve halamın
Eşleriyse enişte.

Ablâmın kocasının
Ben kayınbiraderi.
Ablam, yarın eşime
Olacaktır görümce.

Erkek kardeş eşleri
Birbirinin eltileri.
Birbirine bacanak der
Kız kardeşlerin eşleri.

Evlenme yolu ile
Âileye girenin,
Erkekse adı dâmad;
Kadınsa olur gelin.

Ana ve babasına
Birbirinin karı koca
Derler, kayınvâlide,
Kayınpeder yahutta.

Baba ve anneleri
Dâmad ile gelinin,
Özbeöz dünürleri
Olur birbirlerinin.

Davut BAYKAN

Vurgu : Sözcüğün veya söz öbeğindeki kimi hecelerin öbürlerine oranla daha belirgin biçimde baskılı söylenmesi

1 - Şiiri vurgulara dikkat ederek oku.
2 - Şiirde adı geçen akrabaları bul ve defterine yaz.
3 - Soydan gelen ve sonradan olan akrabalar hangileridir ? Ayırarak yaz.
4 - "Özbeöz" ne demektir ?
5 - Enişte, kayınpeder, damat, yenge sözcükleri ile, ayrı ayrı cümleler kur.

Depremi Yaşadım

Ben Erzincanlıyım. Köyümüz Erzincan'a oldukça yakındır. Küçük bir bahçe içerisinde tek katlı evimiz vardı. Evimizin üzeri çatı ile örtülüydü.

Bir akşam, televizyonda film seyrediyorduk. Birden bir gürültü koptu. Evimiz sallandı. Elektrik kesildi. Kendimizi dışarı zor attık. Deprem olmuştu. Köyümüzdeki iki - üç katlı olan bütün evler yıkılmıştı. Okulumuzun duvarları çatlamış, çatısının bir kısmı çökmüştü. Köy camisinin de minaresi uçmuştu. Bu felâket sırasında üç kişi ölmüş, elliden fazla kişi de yaralanmıştı.

Bu olaydan üç saat sonra, köy meydanına büyük bir gürültüyle peşpeşe iki helikopter indi. Helikopterlerden çadır, battaniye indirildi. Görevliler tarafından çadırlar kuruldu. Köylüler çadırlara yerleştirildi.

Daha sonra büyük bir çadır kuruldu. Üzerine Kızılay bayrağı astılar. Görevlilerce pişirilen yemekler, altı ay süresince köylülerimize dağıtıldı.

Kızılay, o kötü günlerde hep yanımızdaydı.

Sadık UYGUN

Cümle : Duygu, düşünce ve isteklerimizi anlatan sözcük dizisi.
Tüm cümleler büyük harfle başlar, normal cümlenin sonuna nokta konur.
Nokta bir cümlenin bittiğini gösterir.
Paragraf: Düzyazıda, bir yardımcı düşünceyi işleyip geliştiren cümle yada cümle topluluğu

1 - Deprem nerede oluyor ? Deprem sonucunda neler oluyor ?
2 - Depremden sonra insanlara kim, nasıl yardım yapıyorlar ?
3 - Kızılay nasıl bir yardım kuruluşudur ? Kızılhaçla karşılaştır.
4 - Bu düzyazıda kaç tane paragraf ve her paragrafta kaç cümle var ?
5 - Helikopter, battaniye, deprem, Kızılay, Kızılhaç sözcüklerini ikişer defa defterine yaz.
6 - İkinci paragraftaki, cümlelerin yüklemlerini bul ve mastar şeklinde yaz.

seyrediyorduk---→ seyretmek, koptu---→ kopmak

Renkler Benim Sevdiğim

Karayı severim
anamın gözleri kara,

Sarıyı severim
ablamın saçları sarı,

Maviyi severim
göklerin yüzü mavi,

Yeşili severim
baharın gözü yeşil,

Al mor pembe bak kana kana
hepsi bir başka güzel bana,
nedense ak'ın tutkunuyum
ak deyip de geçme:

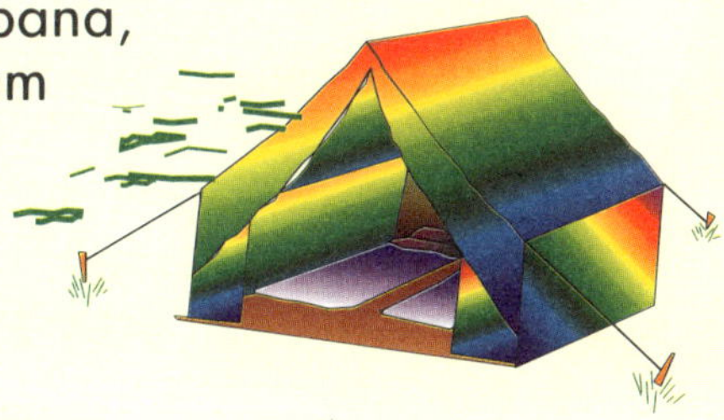

Gün ışığı ak
ninemin saçları ak
bebeğimin giysileri ak
zenci dostumun dişleri ak
dörtnal koşan tahta atım ak
kanatlarında özgürlük
göklerde dolu dizgin uçan
kuşlar, güvercinler ak
ak, ak, ak...

Necati ZEKERİYA

Bağlaç : Eş görevli ya da birbiriyle ilgili sözcükleri, sözcük gruplarını, birbirini anlamca tamamlayan cümleleri birbirine bağlayan sözcükler : ve, ile, fakat, ama, çünkü, ya da, ki.

Ben **ve** *Ali aynı yaştayız. Orhan* **ile** *Zeynep oynuyor. Okula gitmedim,* **Çünkü** *hastayım.*

Eşsesli sözcükler: Yazılış ve okunuşları aynı, anlamları farklı olan sözcüklere denir.

çay, **dereden daha büyüktür.**
Ben *çay* **içmeyi sevmiyorum.**

Yüz **mark kazandım**
Turist, el ve *yüz* **hareketleri ile anlatıyor.**

1 - *İlk sekiz dizeyi, "çünkü" ile bağlayarak yaz.*
Karayı severim, çünkü anamın gözleri kara.

2 - *Şiirde aileden kimlerin adı geçiyor ? Kimlerin geçmiyor ?*

3 - *Şiirde geçen,* **kara, ana, al, ak** *sözcüklerinin yerine, bunların eşseslileri olan,* **siyah, anne, kırmızı, beyaz** *eşsesli sözcüklerini kullanarak şiiri yeniden yaz.*

4 - *Ana ve ara renkleri yaz. En sevdiğin renkleri yuvarlak içine al.*

Arkadaşlık Bandı
(Dostluk)

"Dostluk Bandı"nın yapılışını dikkatle oku. İstenilenleri özenle yerine getir. Yaptığın bantları arkadaşlarına hediye ederek dostluklarını pekiştir. Kalıcı dostluklar kur.

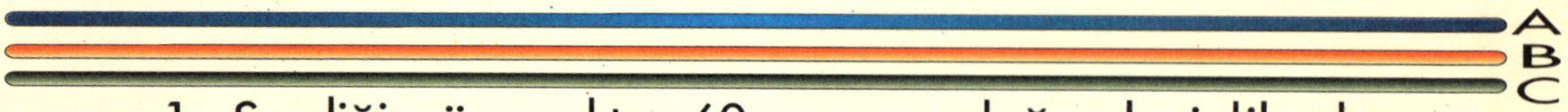

1. Sevdiğin üç renkte, 60 cm. uzunluğunda iplik al.

2. Bu iplikleri tam ortasından ikiye katla.

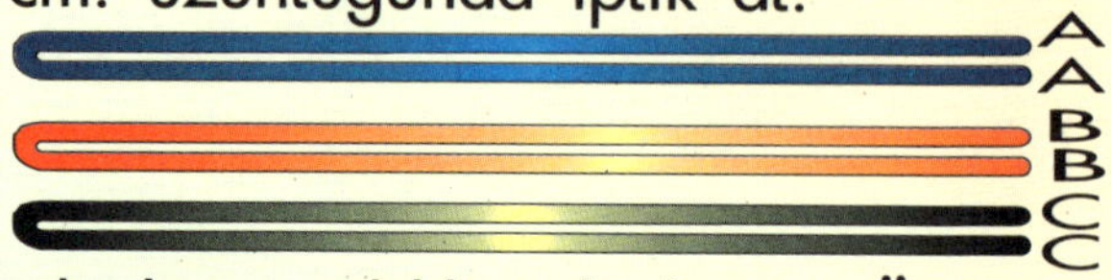

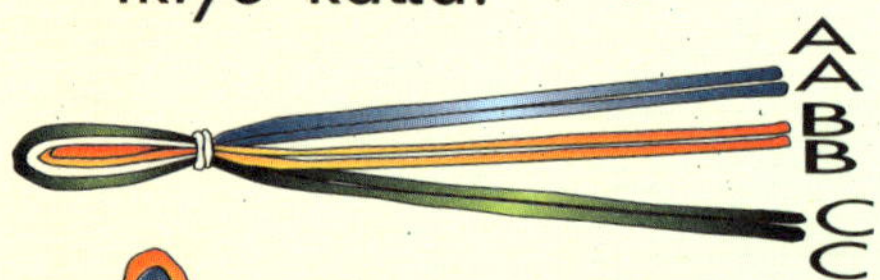

3. Katladığın iplikleri birleştir. Üçünü birden üstünden düğümle.

4- Düğümlediğin ilmiği bantla masaya yapıştır. Renkleri ayır.

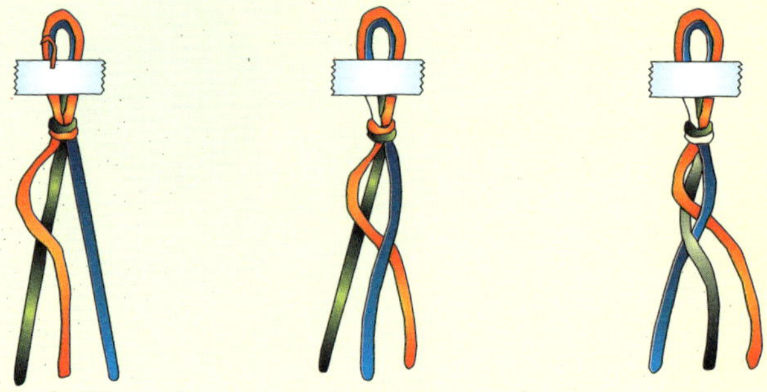

5. Şekillerde gördüğün gibi sırayla, saç örgüsü şeklinde örmeye başla.

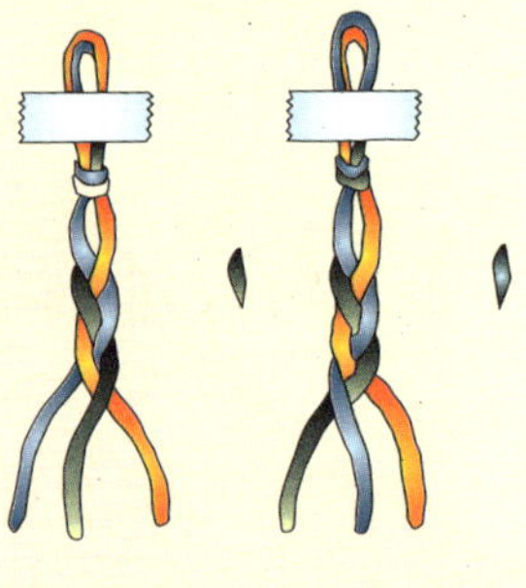

6. Aynı sırayla örmeyi sürdür.

7. Bileğe yetecek uzunluğa gelince, ucundan bir kısım iplik bırak. Son örgünün üzerine sıkı bir düğüm at.

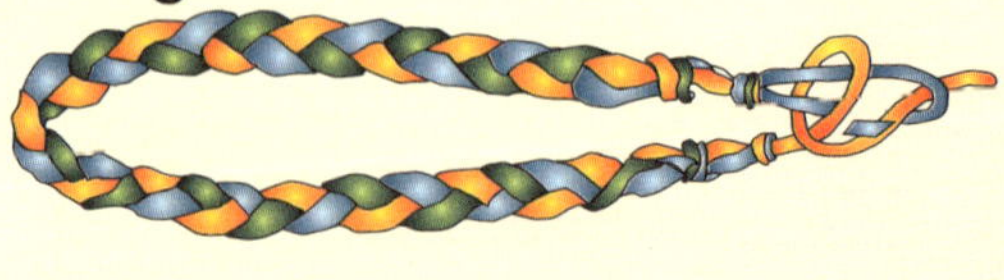

8. Dostluk bandını bir arkadaşına kardeşine hediye et. Koluna şekilde görüldüğü gibi bağlasın. Dostluğunuz kalıcı olsun.

1 - Dostluk bantı için neler gerekli.

2 - Dostluk bantının nasıl yapıldığını, hiç bilmeyen birine göstererek anlat.

3 - Bu banda neden dostluk bandı deniyor.

Fare Ailesi

Bir varmış bir yokmuş, Anne Fare'nin yavruları çokmuş. Her birine birer ad koymuş: Sivridiş, en açları, en doymazlarıymış, Telbıyık, en uzun bıyıklılarıymış, Benekli, daha doğduğunda renk renkmiş. Zıpzıp, nedense hoplamayı huy edinmiş, İncekuyruk; adıyla belli edermiş kendini, Sertpençe, vurunca balyoz gibi indirirmiş pençesini.

Bir sabah, Sertpençe kahvaltı için otların arasında dolaşıyordu. Rüzgâr, ağaçları salladıkça, olgun meyveler yere düşmüşlerdi. Otlar arasında dolaşırken, korkuyla durakladı. Kedi annesini yakalamıştı. Bir süre durumu gözetledi. Dedesinin anlattıkları gibiydi. Kedi annesiyle oynuyor, oradan oraya çarpıyordu.

Sertpençe, çaresizlik içinde ağlarken, öteki farelerin yararlanarak, yerdeki meyveleri sürüklediklerini gördü. Bu onu daha çok üzdü. Annesi can derdine düşmüşken, ötekiler karınlarını doyurmanın sevincine kapılmışlardı. İçindeki korkuya, bu üzüntü karışınca, öfkeye dönüştü.Kedi otların üstünde annesini yuvarlıyor, zıplayıp hoplayarak, yeniden saldırıyordu. Annesinin ağladığını duyunca, kendinden geçti. Ne yaptığını bilmeden, delikten fırladı. Kedi, ağzında Anne Fare'yle deliğin yakınına sokulmuştu. O sırada sırtı Sertpençe'ye dönük oyununu sürdürüyordu.Zavallı Anne Fare bar bar bağırıyor, hüngür hüngür ağlıyordu. Arkasından yaklaşıp, vargücüyle kedinin ayağını dişledi. Minnoş, ne olduğunu anlayamadı, ağzındaki fareyi düşürdü. Çevresine bakınınca, küçük fareyle karşılaştı.Hemen Sertpençe'nin üstüne atıldı. O gelinceye kadar deliğe kaçan Sertpençe, bir yandan da "Kaç anneciğim, kaç!" diye bağırıyordu. Anne Fare bayılmak üzereyken, oğlunun sesini duyunca, dirildi. Kedinin yeniden yakalamasına olanak vermeden, bir deliğe giriverdi. Minnoş, Sertpençe'nin davranışına öylesine öfkelenmişti ki, yanından yüz fare geçse, dönüp bakacak durumda değildi. Dişleri, patileriyle, Sertpençe'nin kaçtığı deliği eşeliyor, onu yakalamaya çalışıyordu. Oysa Sertpençe çoktan deliğin derinliklerinde kaybolmuş, yuvasına ulaşmıştı.

Erol Toy

1 - Anne, yavrularına hangi isimleri takmış ? Neden ? Bunları resimde göster.
2 - Okuduklarından neler hoşuna gitti, neler hoşuna gitmedi ?
3 - Kedi fareyle nasıl oynuyor.
4 - Bu öykünün devamını anlat.
5 - Başlığı değiştirmek istersen nasıl bir başlık koyardın ?

Melek Gibi

Bir melek oldum rüyamda,
İpekten kanatlar taktım.
Bir kuyrukluyıldız gibi,
Sonsuzluğa doğru aktım

Aydedenin yanağına,
Sevgi öpücüğü verdim.
Ne de güzel uçuyordum,
Zaten hep uçmak isterdim.

Yay burcu germiş yayını,
Bakar çoban yıldızına.
Çoban yıldızı pek üzgün,
Tutulmuş Samanyoluna.

Yıldızları avuç avuç,
Toplayarak bir taç yaptım.
Hemen döndüm yeryüzüne,
Annemin başına taktım.

Bir melek oldum rüyamda,
İpekten kanatlar taktım.
Bir kuyrukluyıldız gibi,
Sonsuzluğa doğru aktım

Niyazi Birinci

Bileşik sözcük: İki veya daha fazla sözcüğün bileşip kaynaşmasıyla oluşur. Oluşan yeni sözcüğün yeni bir anlamı vardır. Örnek :
son + bahar → **sonbahar** *fener + bahçe* → **Fenerbahçe**

1 - Şiirde geçen bileşik sözcükleri bul ve ayırarak yaz.
2 - Şiirde hangi burcun adı geçiyor ? Başka hangi burçlar var ? Sen hangi burçtansın.
3 - Şiirdeki çocuk rüyasında neler görmüş ? neler yapmış ?
4 - Gördüğün bir rüyayı anlat.
5 - Rüya ile hayal arasında ne gibi farklar vardır ?

Doğum Günü

Bugün Ayşe'nin doğum günü...

Üç gün önce Katrin'in doğum günü vardı... Katrin sınıfta hepsini anlattı: Annesi kocaman bir pasta yaptırmış. Babası bir saat almış. Katrin çok sevinmiş...

Yedi gün sonra da Emine'nin doğum günü. O da şimdiden başladı sevinmeye, içinde dalgalı dalgalı sevinçler duyuyor. Dalgalar bir toplanıp bir yayılıyor yüreciğinin ortasında...

Katrin, Emine doğum günlerini kutladılar. Şimdi sıra Ayşe'de, o da bugün kutlayacak doğum gününü...

On gün sonra birinin daha doğum günü var. Fatma'nın. Fatma da istiyor doğum gününü kutlamak... Pasta masaya konsun, üstüne mumlar dizilsin, Fatma mumları üflesin, pastanan çevresindekiler alkışlasınlar, Fatma'ya armağanlar versinler... Annesi karşı geliyor Fatma'nın:

"Müslümanlar doğum günü kutlamaz!" diyor...

Fatma'nın sınıftaki arkadaşları Müslüman-Hıristiyan hepsi kutluyor. Bir Fatma'ya yasak, bir de Ömer'e...

Ömer'in babası da öyle diyormuş:

"Doğum gününü yalnız gâvurlar kutlar. Biz gâvur muyuz?"

Fatma da, Ömer de buna çok üzülüyorlar...

En çok da Fatma üzülüyor. Hep içine atıyor, üzüldüğünü annesine belli etmiyor...

On gün sonra Fatma annesine, doğum gününü kutlamak istediğini bir daha söyleyecek. Annesi de ona:

"Müslümanlar doğum günü kutlamaz" diyecek.

Nazmi Kavasoğlu

Önyargı : Bir şey için önceden verilmiş yargı, peşin hüküm.
Davetiye : Çağrı kağıdı, duyuru

1 - Öyküde kimler doğum gününü kutluyor, kimler kutlamıyor ?
2 - Fatma, aslında doğum gününü nasıl kutlamak istiyor ?
3 - Doğum günü kutlamasına karşı olanlar, hangi gerekçeleri ileri sürüyorlar ?
4 - Önyargı ne demektir ? Günlük yaşamda ne gibi önyargılarla karşılaşıyorsun ? Bunlardan nasıl kurtulunulur ?
5 - Bir doğum günü davetiyesinde, mutlaka bulunması gereken bilgiler nelerdir ?
6 - Sen doğum günün nasıl kutluyorsun ?

Güzel Bir Eğlence Kaynağı

Umay:
– Dedeceğim, radyomuz bozulmuş. Şimdi ben çocuk saatını dinlemeyecek miyim? diye üzüntü ile söylendi.
Dedesi gülümsedi:
– Çocuk saatını mı dinlemek istiyorsun? Bugün de dinlemesen olmaz mı?
– Dedeciğim, bunu ciddi mi söylüyorsun? Doğrusu radyomuzun bozulmasına çok üzüldüm.
– Üzülme yavrum. Yatağımın yanında pille çalışan küçük radyo ile istediğin programı dinlersin, oldu mu?
Umay sevinçle dedesinin boynuna sarıldı:
– Çok teşekkür ederim dedeciğim, dedi. insanlar radyo, televizyon gibi eğlendirici, öğretici araçlar yokken sıkılmazlar mıydı acaba?
– Insanlar her devirde kendilerini eğlendirmeyi bilmişlerdir. Bizim çocukluğumuzda kış geceleri, komşular bir evde toplanırlar; mısır patlatır, kestane pişirir, boza içerlerdi. Çocuklara da masallar anlatılır, bilmeceler sorulur, yüzük oyunu gibi oyunlar oynanırdı.
– Ama dedeciğim, radyoda, televizyonda müzik var, masal var, tiyatro var, haber var, çeşitli yararlı konuşmalar var, her şey var. Evlerde bu kadar çeşitli, yararlı konuşma ve bu kadar çeşitli eğlence olur muydu?
– Elbette olmazdı. Radyo ve televizyon bize her gün yararlı olmaya çalışan kaynaklar. Oturduğumuz yerden en değerli konuşmacıları, en değerli sanatçıları rahat rahat dinliyor veya seyrediyoruz. Ama bunu iyi kullanmasını bilmezsek zararlı olur. Neye, ne zaman bakacağımızı bilmek gerek.
Umay saatina baktı:
– A, çocuk saati başlamak üzere, değil mi? Pilli radyoyu çabuk getireyim, dedi ve küçük radyoyu almak üzere dedesinin yatak odasına koştu.

Fiilleri olumsuz yapmak için fiil köklerinin arkasına, - me eki getirilir. Bu ek sesli uyumu kuralına göre;- ma, - mı, - mü olabilir.

gör-me-dim – bil-mi-yorum – al-ma-dık – gör-mü-yor

1 - Umay neye üzülüyor ? Dedesi nasıl bir çözüm buluyor ?
2 - Eskiden insanlar, evlerde, boş zamanlarını nasıl geçirirmiş ?
3 - Radyo ve televizyonun ne gibi yararları var ? Ne zaman zararlı olabilir ?
4 - Günde ne kadar televizyon izliyorsun ? Hangi programlara bakıyorsun ?
5 - Ne zaman teşekkür edilir ? ne zaman özür dilenir ?
6 - **yapıyorum - yapmıyorum - yapamıyorum** *sözcükleri arasında ne gibi anlam farkı var ?*
7 - **koşmak, içmek, yazmak, yüzmek** *fiillerini yukardaki gibi, üç şekilde yaz.*
8 - Program, ciddi, televizyon, radyo, teşekkür sözcükleri ile cümle kur.

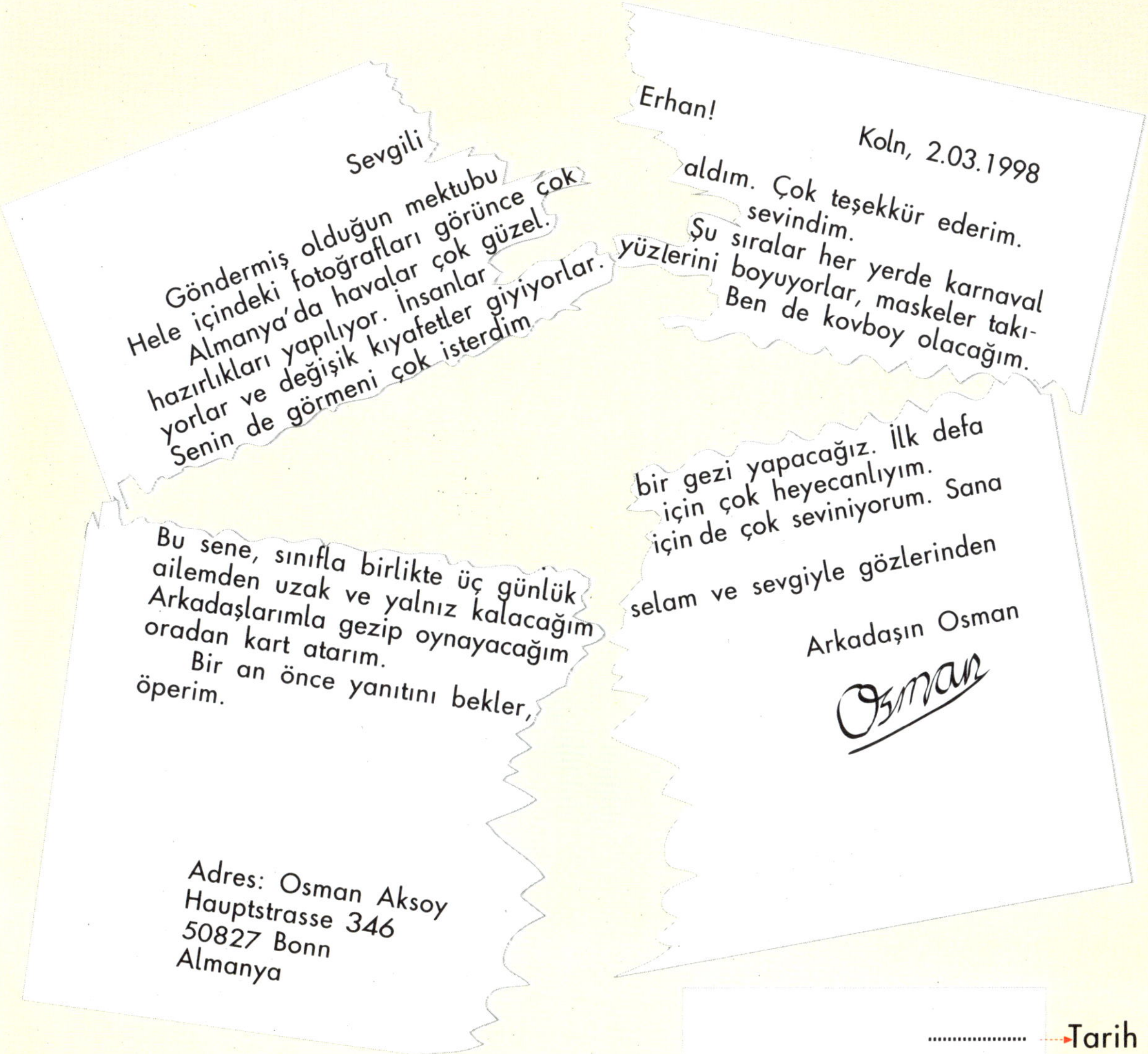
Sevgili
Göndermiş olduğun mektubu
Hele içindeki fotoğrafları görünce çok
Almanya'da havalar çok güzel.
hazırlıkları yapılıyor. İnsanlar
yorlar ve değişik kıyafetler giyiyorlar.
Senin de görmeni çok isterdim.

Erhan!
Koln, 2.03.1998
aldım. Çok teşekkür ederim.
sevindim.
Şu sıralar her yerde karnaval
yüzlerini boyuyorlar, maskeler takı-
Ben de kovboy olacağım.

Bu sene, sınıfla birlikte üç günlük
ailemden uzak ve yalnız kalacağım
Arkadaşlarımla gezip oynayacağım
oradan kart atarım.
Bir an önce yanıtını bekler,
öperim.

Adres: Osman Aksoy
Hauptstrasse 346
50827 Bonn
Almanya

bir gezi yapacağız. İlk defa
için çok heyecanlıyım.
için de çok seviniyorum. Sana
selam ve sevgiyle gözlerinden
Arkadaşın Osman
Osman

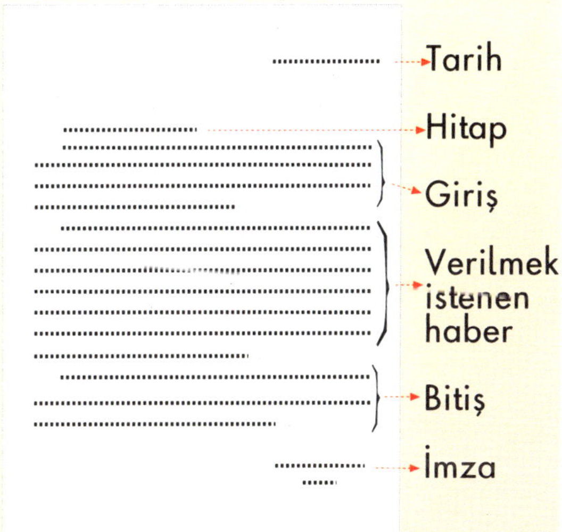

Mektup : **Birbirinden uzaktaki kişilerin, kurum ve kuruluşların haberleşmek amacıyla yazdığı yazı.**

1- Mektup açılırken yırtılmış. Birleştirerek yaz.
2- Bu mektubu kim kime yazıyor?
3- Mektupta hangi bilgiler veriliyor?
4- Mektup nasıl başlıyor ve nasıl bitiyor?
5- Osman niçin adresini yazıyor?
6- Şemadaki bölümleri mektup üzerinde göster.

Karınca Gözüyle Dünya

Küçük Karınca, bir gece,babasından kendisine önemli, zor işler vermesini istedi, babası şöyle dedi:

– Şimdi sizler için en önemli iş, yeryüzünü tanımaktır. Hem çalış, hem de her yeri gezip her şeyi gör. Her canlı için en gerçek okul yeryüzüdür. Yeryüzü çok geniş, çok büyük...Onu tanımaya karıncaların değil, insanların bile gücü yetmez.

Küçük Karınca hayretle sordu:

– İnsanların da mı?

– Evet, dedi baba karınca. İnsanların da bilmedikleri çok şeyler vardır.

Küçük Karınca hiçbir şey sormadan babasına öylece bakakaldı.

Babası:

– İnsanlar, henüz her şeyi bilmiyorlar, ama durup dinlenmeden öğrenmeye çalışıyorlar, dedi. İnsanlar sürekli bir bilme ve öğrenme çabası içindeler.

– Ne zaman öğrenecekler her şeyi?

– Onu bilmem. İnsanlar da bilemezler. Onlar tabiatın sırlarını çözmeye devam ederken birçok şeylerle de savaşmak zorunda kalırlar. Karıncalar gibi birçok yaratık, insanın yanında bu savaşa katılmıştır.

Bir süre sustular. Babası Küçük Karınca'ya gülerek baktı:

– İşte, dedi, öğrenmek hiç bitmez.

– Anladım! diye karşılık verdi Küçük Karınca.

Babası gezintilerine devam etmesini; yuvaya pek uzak olmayan çiftlik evlerini ve oradaki insanları görmesini istedi. İnsanların konuşmalarını dinlemesini söyledi. İşte o sabah, Küçük Karınca, koşar gibi çiftlik evlerine doğru gidiyordu.

İsmail Sivri

Benzetme : **Bir varlığı, bir kavramı daha iyi anlatabilmek amacıyla, nitelikçe daha üstün bir şeye benzeterek anlatma.**

Ayşe **karınca gibi** *çalışıyor.* *Kardeşim* **kuzu gibi** *uslu.* *Fatma'nın saçları* **altın gibi** *sarı.*

Karşıt (zıt) anlamlı sözcük: Anlamı birbirinin tersi olan sözcüklere karşıt anlamlı denir.

soru X cevap, soğuk X sıcak, oturmak X kalkmak, beyaz X siyah

1 - Küçük karınca babasından neler istiyor ?
2 - Baba karınca çocuğuna neler yapmasını öğütlüyor ?
3 - İnsanların herşeyi bilmesi mümkün mü ? İnsanlar sürekli neler yapıyor ?
4 - Karınca gözüyle dünya ve insanlar nasıl ?
5 - Senin gözünde dünya ve insanlar nasıl ?
6 - Öyküde geçen, gece, çok, geniş, büyük, önemli, zor, gerçek, savaşmak, uzak, susmak sözcüklerinin karşıtlarını yaz.

İnsandan İnsana

Ayrıysa da bayraklarımız
Yurtlarımız birbirinden
Uzaksa da çok
Yakın olallım biz
Yakın kalalım hep

Ayrıysa da dillerimiz
Aynı türküyü söyleriz

Başkaysa da derilerimizin rengi
Ana babalarımız
Yabancıysa da birbirine
Kardeş olalım biz
Kardeş kalalım hep

Ayrıysa da sofralarımız
Aynı ekmeği paylaşırız

Ali YÜCE

Adlar cümle içinde beş durumda bulunur.

Yalın durumu	**Bu ev bizim.**	**Bu okul güzel.**
Belirtme durumu	**Bu evi biz aldık.**	**Ben okulu seviyorum.**
Yönelme durumu	**O eve gidiyor.**	**Biz okula gidiyoruz.**
Kalma durumu	**Babam evde uyuyor.**	**Okulda arkadaşlarımla oynarım.**
Çıkma durumu	**Evden geliyorum.**	**Okuldan geliyoruz.**

1 - Yukarıdaki tabloyu defterine çiz. Adların durumlarını incele.
2 - Şiirin başlığındaki, "insandan insana" hangi durumda ?
3 - Şiirde anlatılmak istenen nedir ? Fotoğraflarla şiir arasında nasıl bir bağ var ?
4 - Şiir ile şair arasında ne gibi bir ilişki vardır ? Şairin adı nedir ?

Yabancılık

1
çocuklar
anneniz diyorsa
"oynamayın o çocukla
o çocuk yabancı"
inanmayın
oynayın siz o çocukla
ve anlatın evde annenize
"yabancıydı o çocuk
ama biz oynadıktan sonra
arkadaşımız oldu artık"

2
ben neden karayım baba
sarı değil Stefan gibi

ben neden Ozan/ım baba
Helmut değil, Christian değil

"yabancı" ne demek baba
Stefan'ın bana söylediği

söylesene baba
biz yabancı mıyız şimdi
yabancıysak
kim yaptı bizi yabancı

Habib Bektaş

Şiir : Sanat değeri taşıyan, okuyanı etkileyip duygulandıran manzum yazı.

Cümlede sözü edilen iş, oluş ve hareketin yapılmadığını bildiren çekime, olumsuz şekli denir. Fiillerin sonuna "me", "ma" ekleri konarak olumsuz şekle sokulur. Örnek:

Ali ile oyna	Ali ile oynama
Dün eve geç geldim.	Dün eve geç gelmedim.

1 - Şiirin birinci ve ikinci bölümünde ne anlatılıyor ?
2 - Birinci bölümdeki olumsuz fiilleri bul.
3 - Üç olumlu cümle kur. Sonra bunları olumsuz şekle dönüştür.

Elimden Gelse

Ben isterim ki,
Bulutlar ağlasın,
Çocuklar ağlamasın.
Hiçbiri öksüzlük,
Yetimlik duymasın.

Ben isterim ki,
Konuşsun her çiçek
Kendi dilince.
Silahların,
Kesilsin sesi.

Ben isterim ki,
Eğilsin dallar
Bereketten.
İnsanoğlu,
Başını eğmesin,
Utançtan ya da güçsüzlükten.

Ben isterim ki,
Bir yıldızlar
Kalsın uykusuz,
İnsanlar yatıp dinlensinler.
Taze bir güçle
Başlamak için,
Umutlu sabaha.

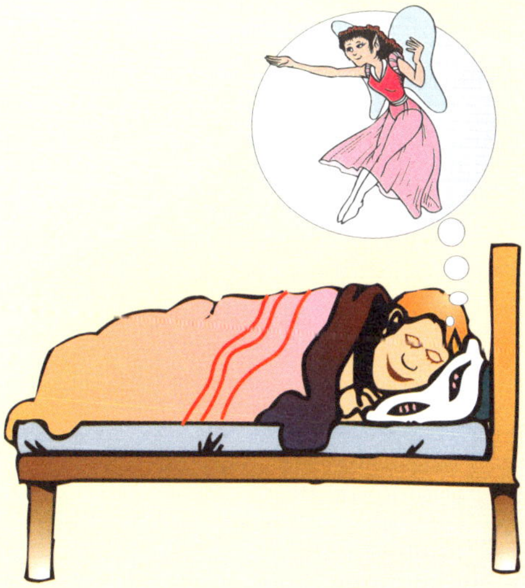

Ben isterim ki,
Her şey eğilsin
İnsanın önünde.
İnsan insana
Tutsak olmasın.

Ben isterim ki,
Sevinç mutluluk
Bol olsun.
Yürekten yüreğe,
Ülkeden ülkeye
Açık yol olsun.

Rıza Resul

Birbiri ile ilgili cümleleri ve cümle değerindeki sözleri birbirine bağlayan "ki"ayrı yazılır. Bu "ki"den sonra virgül konulur.

Babam her zaman der ki, "Erken yatan, erken kalkar."
Ben isterim ki, hiç savaş olmasın.

1 - Şiirde, en beğendiğin üç dileği defterine yaz. Resimler hangi bölümlerle ilgili göster.
2 - Bu dileklere neler eklemek istersin ?
3 - Masaldaki gibi, üç dilekte bulunman gerekse, Neler dilerdin ?

Fıkralar

Ceza

Öğretmen sınıfa girince, Nuri parmak kaldırdı:
Öğretmen sordu:
- Ne var, Nuri?

Nuri:
- Öğretmenim, insana yapmadığı bir şeyden dolayı ceza verilir mi?

Öğretmen:
- Hayır, öyle şey olur mu? Neden sordun, Nuri?

Nuri:
- İyi o zaman. Çünkü ben ödevlerimi yapmadım.

Bilmece

Adil, Ayşe'ye sordu:
- Söyle bakalım hiç kimsenin öldürmediği akrep nerede yaşar?
- Bodrumda.
- Bilemedin işte.
- Nerede yaşar?
- Saatte.

Ayşe kızdı:
- Peki sen söyle bir hırsız neyi çalmaz? diye sordu.

Bacaksız bilemeyince bu kez Ayşe söyledi:
- Zili çalmaz.

Yabancı Dil

Köpeğin biri, kedinin yanından geçerken, "miyav" demiş. Bu sesi duyan kedi şaşırmış:
- Ayıp, ayıp! Köpekler hiç miyavlar mı?

Köpek gururla cevap vermiş:
- Neden ayıp olsun? Ben yabancı dil konuşuyorum.

Sekizin Yarısı

Öğretmen Ayşe'ye sordu:
- Sekizin yarısı kaç eder?
- Eninden mi, boyundan mı öğretmenim?

Öğretmen kızdı:
- O nasıl soru öyle?

Ayşe başını bilgiç bilgiç salladı:
- Nasıl olacak öğretmenim. Sekizi eninden ve tam ortasından keserseniz yarısı iki tane sıfır olur. Boylu boyunca kesilirse iki tane üç...

Fıkra: Daha çok sözlü yazının ürünü olan, dinleyicileri bir yandan güldüren, bir yandan da düşündüren öykücük.
Örneğin: Nasrettin Hoca, Bektaşi, Karadeniz, Öğrenci fıkraları...

1. *Fıkraları oku ve başkalarına anlat.*
2. *Başka hangi fıkraları biliyorsun?*
3. *Fıkra anlatırken, nelere dikkat edilir?*

Kitaplar Konuşuyor

1. ŞİİR KİTABI:
Ben bir şiir kitabıyım,
Çiçeklerden akan balım,
Uçan kuşlar, akan sular,
Derin, anlamlı duygular,
Şiirlerde gelir dile,
Bırakmazsın, alsan ele.

2. MASAL KİTABI:
Bir var imiş, bir yok imiş,
Keloğlan'la kurnaz İbiş,
Az gitmişler, uz gitmişler,
Bilseniz neler etmişler...
Aç da beni oku, anla,
Tanış bin bir kahramanla.

3. ROMAN:
Bende uzun öykü vardır,
Okuyanı merak alır.
Örneğin küçük PİNOKYO
Tahtadan bir çocuktu o,
Ah neler geldi başına,
Anlatamam boşuboşuna.

4. SÖZLÜK:
"Cumhuriyet" ne demektir?
"Meclis" ne anlama gelir?
Bilmiyorsan bana başvur,
Sayfalarımı karıştır.
Bütün sözleri bilirim,
Anlamları bir bir derim.

5. ANSİKLOPEDİ:
Öğretmen bir ödev verse,
"Yarın kalkıp anlat" dese,
Hiç şaşırma koş, bana gel,
Oku beni güzel güzel.
Sayfalarım bilgi dolu,
Öğrenirsin doğru yolu.

6. Hepsi Birden:
Biz kitaplar hep kardeşiz,
Herkese yardım ederiz.
Okumayan geri kalır,
Okuyanlar çok yükselir.
Kitap topla, kitaplık kur,
Gerektikçe bize başvur.

H.L. Sarıyüce

Yazın Türleri: Yazında özel biçimde oluşturulan roman, öykü, fıkra, öykü, fıkra, tiyatro, anı, gezi notları, şiir, masal, fabl, mektup gibi türlerdir.

1 - Hangi kitap türleri konuşuyor ? Kendilerini nasıl tanıtıyorlar ? Sınıfla canlandırın.
2 - Bu kitaplardan hangilerinin isimleri şiirde yok ?

Atasözlerimiz

Ne ektin, onu biçersin
Bunu tüm çocuklar bilir
İyilik yap denize at
Bir gün döner, seni bulur.

Temizlik başta gelir
Bunu tüm çocuklar bilir
Aslanın aslan olduğu
Yatağından bellidir.

Yalancının mumu yatsıya
Kadar yanar, sonra söner
Bakarsan bağ olur malın
Bakmazsan bir dağa döner.

İş işten geçmeden aman
Düşünerek konuş biraz
Bir yerde dur, kırmadan çam
Tam dokuz bölümdür boğaz.

Kin nedir bilmeyen insan
Olur daima bahtiyar
Var mıdır ana gibi yar,
Ve Türkiye gibi diyar?

Aslıhan Deniz

Atasözü: Uzun deneme ve gözlemlere dayanılarak, kısaca söylenmiş ve halka mal olmuş, öğütler, dersler veren kalıplaşmış sözler. Örnek:
Aç ayı oynamaz - Damlaya damlaya göl olur - Gülme komşuna, gelir başına

1 - Şiirde, aşağıdaki atasözleri açıklanıyor. Bunları şiirde bul ve numaraları ile göster.

A - Temizlik imandandır.
B - Yalancının mumu yatsıya kadar yanar.
C - Ne ekersen onu biçersin.
D - Aslan yattığı yerden bellidir.
E - Bakarsan bağ, bakmazsan dağ olur.
F - Ana gibi yar, Bağdat gibi diyar olmaz.
G - İyilik yap denize at. Balık bilmezse, halik bilir.
H - Boğaz dokuz boğumdur.

A'daki atasözü, 5. ve 6. dizelerde açıklanıyor.

2 - Bu atasözleri size ne gibi öğütler veriyor.

Tiyatro

Görsel bir sanattır tiyatro,
En eski çağlardan beri,
Bir taklit, bir dans, bir kanto;
Sergilemiştir hep sevgileri.

İnsan yaşamını konu alır,
Onun fırtınalı yapısını.
Kendimizi tanıtır bize orada;
Açar gibi yüreğimizin kapısını.

Adnan Çakmakçıoğlu

Tiyatro : **Seyirciler önünde, oyuncuların sahnede canlandırmaları amacıyla yazılmış yapıt. Tiyatro göze kulağa seslenir. Eğlendirmek ve eğitmek için yazılır.**
Tiyatrocu : **Tiyatro oyuncusu ya da tiyatro işleten kimse.**

1 - Şiirden tiyatro hakkında neler öğreniyorsun ?
2 - Resimde, sahne, perde. oyuncu, makyaj ve dekoru göster. Bunların ne olduğunu açıkla.
3 - Resimdeki sahnede ne canlandırılıyor ? Hareket ve yüz ifadelerinden neler konuşulduğunu tahmin edebilir misin ?

Karagöz ile Hacivat

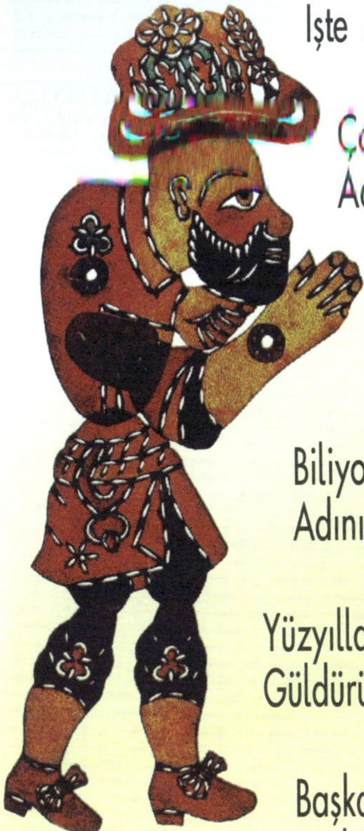

Tanıdınız mı, ben Hacivat'ım çocuklar.
İşte sizler için geldim perdeye kadar.

Çok sevgili arkadaşım karagözlüdür,
Adı Karagöz'dür hem de komik sözlüdür.

Koşarak geliriz hemen beyaz perdeye,
Seyredenler gülsün hem ibret alsın diye

Biliyorum Karagöz'ü çok seversiniz.
Adını duyunca bile hep gülersiniz!

Yüzyıllarca hiç ayrılmayan arkadaşız.
Güldürür konuşmamız, yalandan kavgamız.

Başka sevimli arkadaşlarımız da var,
Sarkılar söyleyerek perdeye çıkıyorlar.

Ünver Oral

Kes kavgayı, cavcav haklı.
Bak dolapta sopa saklı.
Koş eve gir, haydi saklan
Nerdeyse gelir;
Hem Bebe'si, hem Zenne'si,
Hem Tuzsuz Bekir.

Hasan Toraganlı

Gölge oyunu (Karagöz) : Deve derisinden ve kartondan kesilip boyanmış insan bir beyaz perde üzerinde arkadan ışık vererek yansıtma yoluyla oynatılan oyun.

1 - Hacivat ile Karagöz nedir ? Gölge oyunu nasıl oynanır ?

Çocuklar – Başlayalım mı? Başlayalım mı? Karagöz'ün evini taşlayalım mı?
Hacivat – Aman çocuklar bu nasıl söz? Okullu çocuklara yakışır mı?
Çocuklar – Ne yapalım Hacivat amca. Karagöz'ü çağırıyoruz. Şakacıktan bağırıyoruz. Gelmesini istiyoruz. Biz onu çok seviyoruz.
Hacivat – O zaman, daha güzel şeyler söyleyin.
Çocuklar – (*Hep birlikte bağırırlar*) Başlayalım mı? Başlayalım mı? Karagözü alkışlayalım mı?
Hacivat – Aferin, şimdi oldu. Siz alkışlayın, (*Çocuklar alkışlar*) Ben de onu çağırayım.
Karagöz... Karagöz... Karagöz. (*kapıyı çalar*) Buraya gel. Her hali güzel, konuşması tatlı
Karagöz – Çok bağırma ıspanak suratlı...
Hacivat – Karagöz gelse, ben söylesem o dinlese...
Karagöz – Bizim Hacivat mahalle bekçisinden güzel bir duyuk yese.
Hacivat – Aman Karagöz'üm şakayı bırakı. Bu sevimli yavrular seni istiyor.
Karagöz – Geliyorum Hacivat. Onları azıcık üzmek istedim. Çünkü onları çok severim. (*Çocukların yanına gelir.*)
Hacivat – Karagöz'üm, biraz oyun yapalım. Şu çocukları güldürelim.
Karagöz – Güldürelim. Haydi, hemen güldürelim.
Hacivat – Karagöz'üm senin anan kim?
Karagöz – Miki fare.
Hacivat – Öyleyse sen de miki faresin.
Karagöz – Ağzını topla Hacivat... (*Pat, bir tokat*)
Hacivat – Elin kırılsın Karagöz.
Karagöz – Elimi ekler yine döverim. (*Pat*)
Hacivat – Gözün çıksın Karagöz.
Karagöz – Gözlük takar yine döverim. (*Pat*)
Hacivat – Çocuklar, biz dövüşmüyoruz. Sizi güldürmek için yapıyoruz. Aslında biz canciğer arkadaşız. Öyle değil mi Karagöz?
Karagöz – Öyle. Öyle. Hem de canciğer.
Çocuklar – (*Hep birlikte bağırırlar*) Başlayalım mı?
Başlayalım mı?
Hacivat amcayı alkışlayalım mı?
Yaşasın Hacivat amca, Yaşasın...
Başlayalım mı? Başlayalım mı?
Karagöz amcayı alkışlayalım mı?
Alkışlayalım... Alkışlayalım...
Yaşasın Karagöz amca, Yaşasın...
Karagöz ve Hacivat
– Siz de yaşayın çocuklar....

Parantez ( ): Cümlenin ya da içindeki sözcüğün anlamını açıklayıcı nitelikte bulunan sözler, sözcükler parantez (ayraç) arasına alınır.Sesli okurken parantez içinde yazılanlar okunmaz.

1 - Yazılanlardan ve resimlerden yararlanarak, Hacivat ile Karagöz'ü ayıranözellikleri yaz.
2 - Parantez içinde yazılanların, oyunda ne gibi etkisi var ?
3 - Hacivat ile Karagöz niçin kavga ediyorlar ?
4 - Karagöz ile Hacivat'ın figürlerini yapın ve bunu gölge oyunu olarak sınıfta canlandırın.

Masalcı Ninem

Otururken dizlerinin dibinde
Şeker korum hırkasının cebine.
Gözlükleri arkasından süzerek beni,
Der: Ne istiyorsun yine bir tanem?
Masalcı ninem

Bir varmış bir yokmuşla başlar masala;
Ben bir doru taya binerim o, bir taya,
Peri padişahının sarayına doğru
Yol alırız, dörtnala.

Soluğu mis kokar,
Dudaklarından bal akar.
Birlikte uçarız kuşlar gibi.
Kış yüzü görmemiş ülkelere.
Kendi çalıp kendi oynayan,
Dalından düşünce yürüyen
Büyülü elmalar dolu
Karlı dağ etekleri buğulu,
Havuzları çifte kuğulu bahçelere.

Sonra size söyleyeyim kardeşler,
Göz açıp yummadan kavuşuruz
Keloğlan'ın kapatıldığı yere.
Açılmaz kapıları açarız,
Kurtarırız Keloğlan'ı.
Bir kır tay da ona buluruz;
Tekrar yola koyuluruz.

Geçilmez ormanlardan geçeriz;
Su vermez çeşmelerden içeriz.
Yüzerek korkunç kan ırmağını,
Aşarız geçit vermez Kafdağı'nı.
İnsan etiyle karın doyuran,
Özgürlüğe zincir vuran
Kanlı devi uykusunda avlarız;
Onu kendi zinciriyle
Kırk katırın kuyruğuna bağlarız.

Mehmet Necati ÖNGAY

Okşamalık : Anne, baba, dede, nine ve diğer büyükler tarafından çocukları çok sevdiklerini belirtmek, göstermek ve daha iyi anlatabilmek için söylenen sevgi sözleri.
"Aslanım", "Canımın içi", "Koçum", "Gözümün nuru", "Balım"... gibi.

1 - Türk masalları genellikle nasıl başlar, nasıl biter ?
2 - Tekerlemede hangi masal kahramanlarının adı geçiyor ? Bul ve yaz. Bunların karekterleri nasıldır ? Bunlardan başka bildiğin kahramanlar var mı ?
3 - Masallar genellikle nerelerde geçer ? Konuları nelerdir ? Nasıl sonuçlanır ?
4 - Tekerlemede, hangi olağanüstülükler var ?
5 - "Ağzından bal akmak" ne demektir ?

Keloğlan

Eskiden bir keloğlan varmış, hep yalınayak gezermiş. Birgün yolda giderken ayağına bir diken batmış. Bu dikeni çıkarıp teyzesine götürüp vermiş.

– Teyzeciğim bu dikeni rafa koyup saklar mısın? demiş.

Ertesi gün teyzesi dikeni sobaya atıp yakmış. Keloğlan gelip isteyince:

– Oğlum sobaya düştü yandı, artık çıkartamayız, demiş. Keloğlan:

– Öyle ise sobayı ver, demiş.

– Soba verilmez.

Keloğlan da:

– Ya sobayı verirsin ya dikeni... diyerek sobayı almış, amcasına götürmüş.

– Amcacığım, bu sobayı saklar mısın?

– Peki, ineklerin ahırına koyalım oğlum, demiş,

Akşam olunca çoban inekleri ahıra getirmiş, inekler tekme atıp sobayı kırmışlar. Keloğlan sobayı isteyince amcası:

– Ne yapalım oğlum inekler kırmış, demiş.

Keloğlan: – Sobamı isterim. Ya sobayı verirsin, ya ineği verirsin... diye tutturmuş.

İneği almış halasına götürmüş, Halasının evinde düğün varmış ve gelinin et yemesi gerekiyormuş. Günlerden pazar olduğundan kasaplar kapalıymış. Keloğlanın ineğini kesip yemişler. Keloğlan ineği isteyince, "gelin yedi" demişler. Keloğlan:

– Olmaz ineğimi isterim. Ya ineği verirsin, ya gelini isterim, diye tutturmuş.

Gelini almış. Yolda giderken bir adam düdük satıyormuş. Gelini verip düdüğü almış. Deniz kenarına gidip oturmuş, düdük çalmaya başlamış. Düdük çalıp şarkı söylemiş:

Dikeni verdim sobayı aldım. Düt düt...
Sobayı verdim ineği aldım. Düt düt...
İneği verdim gelini aldım. Düt düt...
Gelini verdim düdüğü aldım. Düt düt.
Derken düdük denize düşmüş,
arkasından Keloğlan da suya
düşmüş... Masal da burada bitmiş.

1 - Yukardaki masalın baş kahramanı ve diğer kahramanları kimlerdir ?

2 - Masaldaki olaylar nerelerde geçmektedir ?

3 - Masaldaki olayları sırasıyla söyle.

4 - Kimlerin anlattığı masalı, daha çok seviyor ve ilgi ile dinliyorsun ? Neden ?

5 - Masal anlatırken nelere dikkat edilmeli ? Yukardaki masalı buna göre anlat.

Aydede

- Aydede, Aydede!
- Ne var?
- Evin yok mu?
- Yok, yok.
- Çocuğun yok mu?
- Çok, çok.
- Oğlan mı, kız mı?
- Hem oğlan, hem kız.
- Adları ne?
- Yıldız.
- Hani neredeler?
- Havada.
- Ama ben göremiyorum.
- Şimdi uyuyorlar.
- Gündüz mü?
- Evet, onlar gündüz uyur, gece çıkar.
- Onlar üşümüyorlar mı?
- Üzerlerine bulutu örttüm.
- Onlara selam söyle, ben onları öptüm.
- Olur, olur, ben de seni öptüm.

Soru belirteci: **Yüklemin anlamını soru yoluyla etkileyen sözcükler. Niçin** geldin ? **Ne** arıyorsun ? **Nasıl** oldu ? **Nerede** oturuyorsun ? **Nereden** geliyorsun ?

Soru eki : Cümleye soru kavramı ve anlamı veren -mi (mı, mu, mü) eki. Soru ekleri ayrı yazılır. Engin hasta mı ? Sen biliyor musun ?

Soru cümlesi : Soru kavramı ve anlamı taşıyan cümle. Sonuna, soru işareti (?)konur.

1 - Yukardaki tekerlemeyi, soru cevap şeklinde okuyun.

2 - Tekerlemedeki soru cümlelerini, soru belirteci ve soru eki ile yapılmasına göre ayırın.

3 Bildiğin soru belirteçlerini yaz. Bunlarla beş tane soru cümlesi kur.

Çocuk ve Doğa

Bugün
Hava çok güzel çocuklar
Karşıda, iki dağın arasında
Parlayan gökkuşağı
Özgürce uçuşan bulutlar
Yemyeşil ovalar dağlar
Bir gelin gibi
Çiçeklerle süslenmiş ağaçlar
Şırıl şırıl akan
Küçücük bir dere
Suda sıçrayan balıklar
Vrak! vrak! bağıran kurbağalar
Cıvıl cıvıl öten kuşlar
Ve bir çocuk taklalar atar
Bir kuş öter
Sevinç dolar yüreği
Şimdi çiçekler açar kalbinde...

Derya Altıntren

İkileme : Aynı sözcüğün yinelenmesi, anlamları yakın ya da karşıt, sesçe benzer yan yana kullanılmasıyla oluşan sözcük kümesi.
yavaş yavaş - doğru dürüst, az çok, el ele, göz göze

1 - Şiirde, anlatılan doğa nasıl ? Neden böyle güzel kalmış ?
2 - Bu doğa korunmasa, nasıl olur, nasıl görünür ?
3 - Şiirde on tane çoğul isim var. Bunları bul ve yanına tekil halinde yaz.
4 - Dere nasıl akıyor, kuşlar nasıl ötüyor ? Bu ikilemelerle cümle kur.

Şıpşıp ile Tıptıp

Şıpşıp'la Tıptıp'ı bilir misiniz?

İki küçük su damlacığıdır onlar. Vaktiyle yerin dibinde yaşarlardı. Yeryüzünü merak ettiler. Dışarı çıktılar. Önce bir dereye katıldılar. Sonra bir ırmağa karıştılar. Bir aralık nasıl olduysa bir kalın borunun içine girdiler. Kalın borulardan da ince borulara. Karanlık mı karanlık, sıkışık mı sıkışık. Git babam git!

Meğer Emine Hanımın evine gelmişler. Emine Hanım musluğu açınça tıp diye, şıp diye düştüler tencerenin içine. Emine Hanım tencereyi koyuverdi ateşe. Sıcak arttıkça arttı. Damlaları bunalttı. Ufladlar, pufladılar. Fokur fokur kaynadılar. Bir silkindiler, buharlaşıp uçtular. Bacadan kendilerini havaya bıraktılar.

Bir yel kaptı onları, koydu bir bulutun sırtına. Uçmak ne kadar da rahattı. Ne dağ, ne tepe. Git gidebildiğin yere. Bir o yana, bir bu yana, düzüldüler gene yola. Bulut çıktı yedi kat göğe. Şıpşıp üşüdü. Bulut "Üşüyorsanız, gene su olun" diye öğüt verdi. Şıpşıp bir silkindi, yağmur damlası olup düşmeye başladı. Tıptıp ise uzaklara, soğuklara savruldu. Bir üşüdü, bir titredi. O da ne? Yıldız biçimli, altı köşeli bir kar tanesi oldu. Yavaş yavaş, döne döne süzüldü, indi, bir tepeye.

Çocuklar koşup kar topu oynadılar. Tıptıp elden ele dolaştı o gün. Bu sırada güneş koştu, imdada yetişti. Tıptıp ısındı, gerindi. Silkindi ve gene bir damlacık oluverdi. Öteki damlalarla denize ulaştı. Tıptıp'la Şıpşıp buluştular orada. Bir daha hiç ayrılmadılar. Hep orada mı kaldılar, dersiniz ? Kalırlar mı ? Daha görecek o kadar yer var ki! Musluğu açınca dikkat edin. Belki sizin eve gelirler.

Gülçin Alpöge

1 - Şıpşıp ile Tıptıp sizin eve geldi mi ? Sen onları nerede gördün ?

2 - Şıpşıp ile Tıptıp'a bu ad niçin verilmiştir ?

3 - Resmin yardımıyla suyun evimize nasıl ulaştığını anlat..Bir kroki ile göster.

4 - Resimde suyu kaç halde görüyorsun ? Su nerelerde katı, sıvı ve gaz halindedir ?

Bir Resim Çizdim

Bir resim çizdim.
Dünyayı boyadım toz pembe
Ümitlerle, güzelliklerle
Süsledim resmimi.

Bir resim çizdim,
Şevgi dolu, dostluk dolu,
İnsanlar el ele vermiş,
Yürüyorlar güzele doğru.

Bir resim çizdim,
Kederin, gamın
Kötü duyguların olmadığı,
Kardeşlik, insanlık dolu.

Bir resim çizdim
Barış dolu, mutluluk dolu
Dostluk, kardeşlik, sevgi dolu.
Güzelliklerle bezenmiş bir dünya.

Bir resim çizdim,
Güzel bir dünya hayâl ettim.
İsterim ki gerçek olsun,
Bütün dünya mutlu kalsın.

Zühal Şahin

Sözcüklere,–ci, –li, –lik,–gi,–siz yapım ekleri ulanarak, yeni bir anlam kazanan sözcükler türetilir. Bunlara türemiş sözcükler denir.

Kahve-ci -- peynir-li -- kitap-lık -- sil-gi -- ağaç-sız

1 - Şiiri oku, resmi incele. Şiirle resim arasında ne gibi bir bağlantı var.
2 - Bu şiirin resmini yap.
3 - Şiirde geçen, -lik ve -gi yapım ekleri ile türetilmiş sözcükleri bul.
4 - Yukarda verilen yapım ekleri ile yeni sözcükler türet.

Sonuçları İçimde Taşıyorum

– Dünya olmasa nerede dolaşırdık? Yıldızlar gibi, rüzgârlar gibi, yağmurlar gibi mi yaşardık? O zaman da böyle savaşlar yapar mıydık?

Bu bulut böyle geçer miydi gökyüzünden? Annem böyle gülümser miydi bana? Ay nerede olurdu? Ben nerede olurdum.? Siz nerede olurdunuz dünya olmasa?

Neyse ki dünya var ve biz dünya üzerinde dolaşıyoruz. Gökyüzü var ve kuşlar gökyüzünde uçuyorlar. Denizler var ve balıklar denizde yüzüyorlar. Ne kuşlar, ne de balıklar bizim dolaştığımız alanlara karışmadılar. Ama biz uçaklar yapıp gökyüzüne çıktık. Denizaltılar yapıp denizlere daldık. Böylece hem kuşların, hem de balıkların sakin hayatlarını karmakarışık ettik.

Aslında ne kuş dilinden ne de balık dilinden anladığım söylenemez. Ama, sanki kuşların ve balıkların artık bizim için kötü dualar etmeye başladıklarını hissediyor gibiyim.

Onlar, bizim yaşanmaz hâle getirdiğimiz çevreden çekip gidince sanki suç onlarınmış gibi; kuşları yakalayıp kafese, balıkları yakalayıp akvaryuma koyuyoruz Bundan da ilginç bir zevk alıyoruz. Doğrusu ben bunda bir ilginçlik ya da zevk bulmuyorum.

Bana ilginç gelen şey kediler ve köpekler. Bunlar niçin hâlâ insanları terketmediler ona şaşıyorum.

Mevlana İdris Zengin

1 - Birinci ve ikinci paragraftkaki sorulara, kendi düşüncene göre cevaplar ver.

2 - İnsanlar, hayvanların hayatını nasıl zehir etmiş ?

3 - Hayvanlar ve bitkiler insanlar için neler düşünüyorlardır.

4 - Hangi alanlarda çevre kirliliği görülüyor ?

5 - Çevre kirliliği nasıl önlenebilir ? Önlenmezse neler olabilir ?

Ağaçlarımız

Ağaçlar da insanlar gibidir,
Seveni olur, sevmeyeni...
Keserseniz ağlarlar
Tıpkı dövülen insan gibi.

Ağaçlar da insanlar gibidir,
Onlar da çalışır durmadan.
Ve hepsi yararlıdır.
Örnek bir insan gibi.

Türküler söylerler gelince bahar.
Yaza kışa hazırlık yaparlar
Ağaçların da yürekleri var,
Ağaçlar da tıpkı bizler gibi.

Korumalı ağaçları,
Ormanlar yetiştirmeli,
Yakmadan, kesmeden çoğaltmalı
İnsanları sever gibi.
Ağaçları da sevmeli.

Behçet Necatigil

İyelik eki: Adlara, kişi kavramı veren ek. Bu eklerle kime ait olduğunu anlarız.

ev-im	**ev-imiz**
ev-in	**ev-iniz**
ev-i	**ev-leri**

1 - Kalem sözcüğüne yukarıdaki ekleri getirerek yazınız ?
2 - Bu eklerin görevi ne ?
3 - Ağaçlar, hangi yanları ile insanlara benzemektedirler ?
4 - Ağacı seven bir insanın neler yapması gerekir ?
5 - Ağaçların, insanlara ne gibi yararları vardır ?

Çevre İçin El Ele

Okulun proje haftasında, bir grup öğrenci, çevre konusunu seçti. Kendilerine, "Çevre Gönüllüleri" adını verdiler.

"Proje Haftası" süresince, afişler hazırladılar. Günlük yaşamda neler yapılmalı, neler yapılmamalı bunları saptadılar:

1- Aliminyum kutularda içecek alma.
2- Artan ilaçları eczaneye götür.
3- Pilleri, şişe mantarlarını özel çöplere at.
4- Sesli müzik dinleme.
5- Alışverişte naylon torba kullanma.
6- Çevrenin değerini öğren, öğret.
7- Duş yaparken, diş fırçalarken suyu aç, kapa.
8- Parklara, ormanlara, sokaklara çöp atma.
9- ....

BU DÜNYA BİZE ATALARIMIZDAN MİRAS KALMADI.
BİZ ONU ÇOCUKLARIMIZDAN ÖDÜNÇ ALDIK.

DOĞA BİZE DEĞİL,
BİZ DOĞAYA MUHTACIZ

AKŞAM HERKES EVİNE,
ÇÖPLER ÖZEL YERLERİNE.

En son ağaç köklendiğinde,
En son ırmak zehirlendiğinde,
En son balık yakalandığında
İnsanlar, o zaman anlayacaklar ki
Para yenmiyor.

1- Sizin okulda, "proje haftalarında" neler yapıyorsunuz? Sen hangi çalışmalara katıldın?
2- Yukardaki afişlerden yaparak odanıza, sınıfınıza asın. Anlamlarını açıklayın.
3- Günlük yaşamda başka neler yapmalı, neler yapmamalı ayırarak, yazın.

Çiçeklerin Teşekkürü

Güneş vurdu denize,
Denizler buharlaştı.
Havada bulut oldu,
Diyar diyar dolaştı.

Bir soğuğa rastladı,
Damla damla su oldu.
Bulut ağlayacaktı,
Gözleri yaşla doldu.

Haber saldı şimşeğe,
Çıkıversin diyerek.
Şimşek çaktı üst üste,
Elektriklenerek.

Yağmaya durdu yağmur,
Şenleniverdi toprak.
Filiz sürdü ekinler,
Yeşerdi yaprak yaprak.

Boynu bükük çiçekler,
Doğruldu yavaş yavaş.
Gülümsedi buluta,
–Selam, dedi arkadaş!

– Kurumaktan kurtulduk,
Can kattın canımıza.
Yağmura pek muhtaçtık,
Koştun imdadımıza.

Tabiat yeşillendi,
Sevindi hep bitkiler.
Yağmur olmasa idi,
Bomboş kalırdı kiler.

Güneş suya vurmasa,
Su buharlaşmasaydı,
Gökte bulut olmasa,
Ve yağmur yağmasaydı.

Bu masal burada bitti
Hepimize ders olsun
Bu dersi unutmayın
Şimdilik hoşcakalın.

Bando'dan

Aynı türden olan varlıkların hepsinin orta adına tür denir.

lale	gül	karanfil	menekşe	çiçek adı
elma	elma	muz	kiraz	meyve adı
Ankara	Bursa	Antalya	İzmir	şehir adı
eşek	kedi	fare	köpek	hayvan adı

1 - Deniz suyundan yağmur nasıl oluyor ? Sırasıyla anlat.
2 - Çiçek buluta nasıl teşekkür ediyor ?
3 - Yağmur yağmasa neler olurdu ?
4 - Teşekkür, yeşillendi, bitti, tabiat, elektrik sözcüklerini ikişer defa yaz.

Duyurular

Kısaltma: Sözcüklerin veya sözcük öbeklerinin ilk seslileriyle yazılması.

THY... Türk Hava Yolları **vs. ....Ve saire; ve benzerler**

TBMM Türkiye Büyük Millet Meclisi **m. .... Metre**

1 - Yukardaki ilanlar, hangi amaçlarla yapılmış?
2 - Kimler, hangi konularda duyurular yapmışlar?
3 - Okulunuzda ya da sınıfınızda, "Duyuru Tahtası" var mı?
4 - Başka nerelerde duyuru tahtası görüyorsunuz?
5 - İstediğin herhangi bir konuda, bir duyuru hazırla.
6 - HDK neyin kısaltması ? Başka kısaltmalar bul ve yaz.

Çocuk ve Bahar

Senin inci çiçeklerin varsa bahar,
Benim de inci dişlerim var.
Senin mavi bulutların varsa,
Benim de mavi gözlerim var.
Senin pembe ufukların varsa,
Benim de al yanaklarım var.

Senin yağmurların, çiğlerin, şebnemlerin varsa,
Benim de gözyaşlarım var.
Senin denizlerin varsa,
Benim de yelkenli gemilerim var.
Senin kuşların varsa,
Benim de uçaklarım var.

Senin rüzgârın varsa,
Benim de uçurtmam var.
Senin ayın, yıldızların varsa,
Benim de bayrağım var.
Bayrağım gibi geldin yurduma
Bahar.

Mehmet Necati Öngay

1 - Şiiri vurgularına dikkat ederek oku ?
2 - Şiiri, çocuk ve bahar olarak iki kişi seslendirerek okuyun, bunu banta kaydedin ve birlikte dinleyin.
3 - Çocuk ile baharı, defterinizde şu şekilde karşılaştırın.

Çocuk	**Bahar**
İnci dişler mavi gözler	inci çiçekler mavi...

Havacılık

Kuşların, bazı böceklerin uçtuğunu gören insanlar, uzun yıllar bunu taklit etmeye çalıştılar.

Önce, Çin uçurtmaları yapıldı. Daha sonra balonlar geliştirildi. Zeplin, denilen balonlarla insan taşınmaya başlandı.

Bu gelişmeyi, planör yapımı ve motorsuz uçaklar izledi.

Sıvı yakıtla çalışan, hafif motorların yapılması, motorlu uçakların yapımını hızlandırdı. Havacılıkta büyük gelişmeler sağlandı. Çok yolcu ve yük taşıyan, uzun mesafe uçabilen, hızlı, güvenli uçaklar yapıldı. Uçaklar. sivil ve askeri hizmetlerde. daha sık kullanılmaya başlandı.

Günümüzdeki uçaklar, en son teknoloji ile donutılmış olup, en modern vöe güvenli ulaşım aracı konumuna gelmiştir.

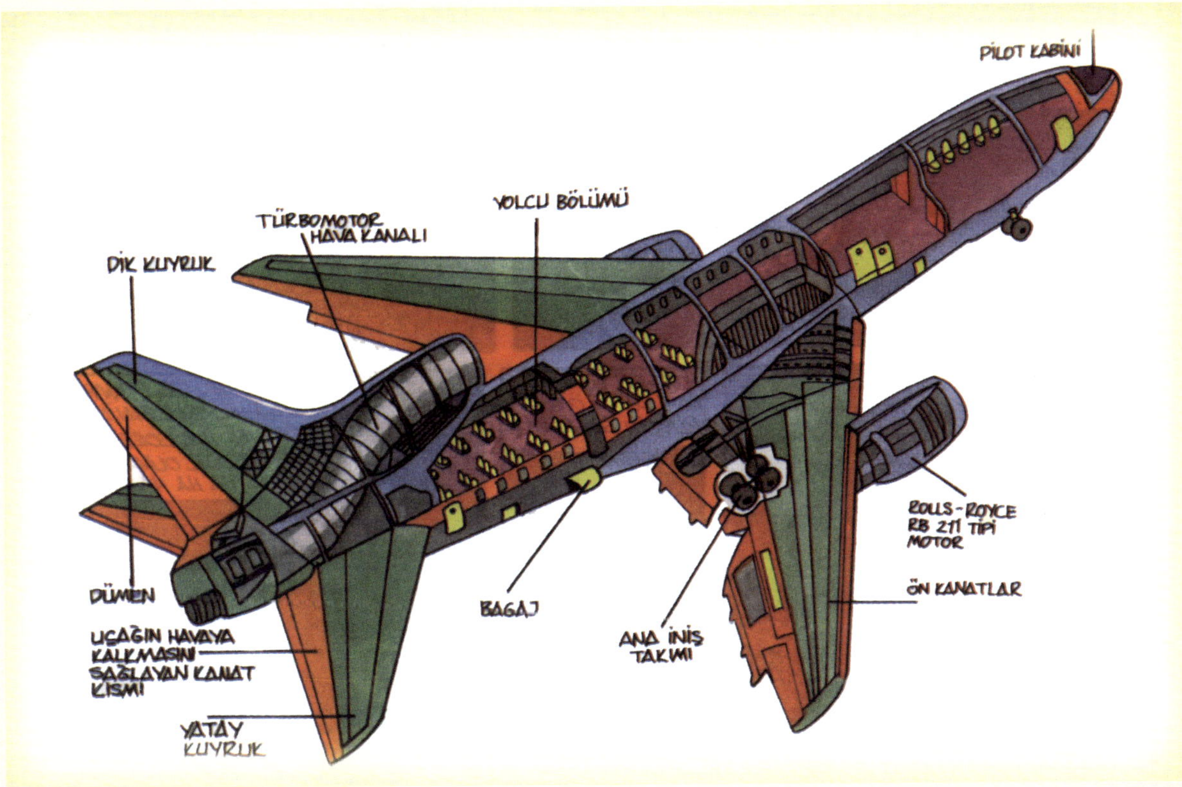

1 - Havacılık alanındaki gelişmeyi kısaca özetle.
2 - Sivil ve askeri havacılık ne demektir ? Bu alanda, hangi araçlar kullanılıyor ?
3 - Resimde gördüğün uçak modelini incele ? Bu şekli defterine çiz, bölümlerini göster.
4 - "Uçak nasıl uçar ?" bu konuda bilgi topla. Nerelerden bilgi toplarsın ?
5 - Uçak, gemi, tren ve otobüs kullanana ne denir ?
6 - Uçak yolculuğunu tüm ayrıntıları ile anlat. (binmeden önce, uçağa giriş, kalkış, uçuş süresi, iniş, uçaktan çıkış ve havaalanından ayrılış.)

Ay'da Neler Gördüm

21 Temmuz 1969 günü iki uzay adamı ilk defa Ay'a ayak bastı. Bu uzay adamlarından biri Ay'da gördüklerini şöyle anlatıyor:

Ay'da gördüğüm manzaraları hiçbir zaman unutamayacağım. Daha Ay'a inmeden, aracın pencerelerinden gördüğüm manzaralar çok heyecan vericiydi

Ay'ın bir yüzü karanlık iken öbür yüzü hoş bir ışıkla aydınlanmıştı. Bu, dünyadan yansıyan güneş ışığı idi. Ay'ın dünyayı aydınlatmasından çok daha güzeldi. Mavi: gri bir renk etrafı kaplamıştı.

En çok hoşuma giden şeylerden biri de Ay'ın tepsi gibi değil de bir top gibi görünmesiydi. Dünya ile benzerliği ona dostça bir görünüş veriyordu.

Ay toprağı güneş altında başka renkte görünüyor. Ay'ın yüzü yukardan bakınca başka, yatık bakınca başka renkte. Gölgeler de yatık bakılınca çok karanlık görünüyor. Ele alınan toprak da öyle, ya gri ya siyah. Toprak genellikle siyah ve un gibi. Daha iri taneler kuma benziyor. Tabii bunun dışında değişik irilikte taşlar ve kayalar da var.

Ay'ın yüzünde yürürken ve resim çekerken, ben ve arkadaşım, ölü bir dünyada bulunduğumuzu hissettik durduk. Etrafımızdaki kayalardan bir kısmı aşınmış, uzaydaki yeni olaylar yüzünden başka taşlar bunların üstüne yerleşmiş. İnsanoğlu bu yerlere ne zaman ayak basarsa bassın hep aynı manzara ile karşılaşacak.

Neil Armstrong

1 - *İnsan ilk defa, ne zaman aya inmiştir ?*
2 - *Ay'a giden astronotun en çok ne hoşuna gidiyor ?*
3 - *Ay'a ya da diğer gezegenlere gitmek ister misin ? Neden ?*
4 - *İnsanlar Ay'a niçin gidiyorlar ?*
5 - *Bu yazıdaki, giriş, gelişme ve sonuç bölümünü göster ?*
6 - *Bu ne tür bir yazıdır ? Bu yazı sana neler öğretiyor ?*
7 - *Bu yazıdan kısa notlar alacak olsan, neler yazardın ?*

Boğaziçi Köprüsü

İstanbul Boğazı, Karadeniz ile Marmara Denizini birbirine bağlar. İstanbul Boğazı üzerindeki köprü ise Boğaziçi Köprüsü olarak anılır. Boğaziçi Köprüsü Avrupa ve Asya'yı birbirine bağlar.

Boğaziçi'nde bir köprü yapılması düşüncesi günümüzden 2500 yıl kadar önce Pers Kralı Dara tarafından da düşünülmüştü. O zamandan beri bu konuda birçok çalışmalar yapıldı. Ancak 20 Ocak 1970 tarihinde bir Alman ve Amerikan ortak firmasıyla köprünün yapımı için anlaşmaya varıldı. Köprünün yapımına 20 Şubat 1970'de başlandı. 450 milyon liraya mal olan köprü 39 ay, 19 günde tamamlandı. Çevre yollarıyla birlikte harcanan para 2 milyar lira 80 milyon oldu.

Avrupa'nın birinci, dünyanın dördüncü büyük köprüsü olan Boğaziçi Köprüsünün uzunluğu 1560, ayakları arasındaki aralık 1074, denizden yüksekliği 64, kulelerin yüksekliği ise 165 metredir. Köprünün genişliği 33 metre 40 santimetredir.

30 Ekim 1973 tarihinde hizmete açılan Boğaziçi Köprüsünün iki ana taşıyıcı kablosu vardır. 65 santimetre çapındaki bu kablolar, 5 milimetre çapında 10450 çelik telin birleşmesinden oluşmuştur. Bu tür yapılarından dolayı bu köprülere "asma köprü" denir.

*** İlk köprüden sonra, ikinci bir köprü daha yapıldı. Bu köprünün adı, Fatih Sultan Mehmet Köprüsü'dür. Şimdi, İstanbul trafiğini rahatlatmak için, üçüncü bir köprü mü yapılsın, yoksa boğaz sularının altından tüp geçit mi yapılsın, o tartışılıyor.**

1 - İstanbul Boğazı, hangi denizleri birbirine bağlıyor ? Haritada bul.
2 - İstanbul, Boğaziçi Köprüsü, hangi kıtaları birbirine bağlıyor ?
3 - Zaman olarak, yapımı ile ilgili hangi bilgiler veriliyor ?
4 - Köprünün teknik yapısı ile ilgili, hangi bilgiler veriliyor ?
5 - Köprünün yapımı ne kadar sürdü ?
6 - Büyüklük olarak karşılaştırdığınızda, Avrupa ve dünyada kaçıncı köprü ?
7 - İkinci boğaz rköprüsüne, neden F. S. Mehmet adı verilmiştir ?

Sabun Kirleri Nasıl Temizler

Bazı kimseler suyla yıkanmanın da insanı temizleyeceği kanısındadırlar. Fakat gerçekte sabun insanı, yalnız sudan daha iyi temizler.

Bunun da sebebi şudur: Derimizin üstünde birtakım girintiler, çıkıntılar vardır. Etraftaki toz ve pislikler bu çukurlara dolar. Buralara âdeta yapışırlar. Kirlerin üstünden akan su bunların bir kısmını da beraberinde götürür. Fakat sabunun yaptığı iş çok daha başkadır. O, kirleri yerlerinden söküp çıkarır.

Suyla sabun bir araya gelince hayli ilgi çekici şeyler olmaya başlar. İkisi karışınca köpük meydana gelir. Köpük baloncuğu ince bir sabun tabakasının çevrelediği, içi hava dolu bir kabarcıktan başka bir şey değildir.

Sabunu köpürtürken sabunlu suyun içine âdeta hava pompalamaktan başka bir şey yapmıyorsunuz.

Bir mıknatısın toplu iğneleri, demir tozlarını nasıl topladığını görmüşsünüzdür. İşte sabun köpükleri de kirleri mıknatıslar gibi toplarlar. Sonra bunlar yıkadığımız suya karışır. Bu arada derideki çukurlara yapışan kirleri de, beraberlerinde götürdüklerinden tertemiz olursunuz.

Doğan Kardeş'ten

1 - Elini nasıl yıkadığını sırası ile anlat.
2 - Temizlik malzemelerinin isimleri nelerdir.
3 - Sabun kirleri nasıl temizliyormuş ? Tam olarak anlat.
4 - lavabo, küvet, şampuan, musluk, duş, havlu sözcüklerinin anlamlarını söyle. Bunlarla birer cümle kur.
5 - Bu yazı, ne tür bir yazı. Böyle yazıları, nerelerde bulabilirsin

Bisiklet

Bisiklete binerken,
Kurallara dikkat et.
Sokaklarda, caddede,
Binmemeye gayret et.

Bisikletin üstünde,
Aşırı hıza kaçma.
Bu bir yarış değildir,
Sakın tehlike saçma.

Tekerlekler sağlam mı ?
Gösteriyor mu ayna ?
Bakımını yaptır ki,
Güven içinde oyna.

Leylâ Fidanay

1 - Bisikletin bölümlerini tek tek incele. İsimleri yazılmayan bölümler var mı ?
2 - Bisiklete binerken nelere dikkat etmek gerekir ?
3 - Güvenli, trafiğe çıkmaya hazır bir bisiklette, neler bulunması gerekir ?
4 - Bisiklet ehliyetin var mı ? Bisiklet ehliyeti nasıl alınıyor ?
5 - Şiiri defterine yaz. Önemli gördüğün bölümlerin altını çiz.

Düşünce Üretmek

Amerikalı bir işadamının bürosu bir gökdelenin yirminci katındadır. Adam her sabah asansöre girince, on beşinci katın düğmesine basmakta, orada inip yirminci katı merdivenlerden çıkmaktadır. ama akşamları evine dönerken, asansörden hiç inmeden doğruca zemin kata gelmektedir.

Acaba bu garip davranışının sebebi nedir?

– Akla gelen ilk olasılık: Sabahları vakti azdır. Spor yapamıyordur. Sabah yürüyüşüne vakti yoktur. Kan dolaşımı için gerekli hareket ihtiyacını hiç değilse beş kat merdiven çıkarak sağlamaktadır.

– İkinci olasılık: On beşinci katta bir ahbabına uğrayıp, işten önce onunla bir sabah kahvesi içtiği akla gelebilir.

– Üçüncü olasılık: Belki de yavaş yavaş merdivenleri çıkarken çevredeki manzarayı seyretmekten hoşlanıyordur.

– Dördüncü olasılık: Yukarı katlardaki bürolar, aşağıdakilere göre daha ucuz olduğu için, asansördekilere on beşinci kattaymış havası atıp bürosu oradaymış gibi iniyordur.

Bu garip davranışın sebebini anlamak için insanın hayal gücünü zorlayan varsayımlar daha da çoğaltılabilir.

Ama bu adamın garip davranışının, hiç de garip olmayan pek basit bir nedeni ve açıklaması var....

Bu bulmacamsı hayali öyküye benzeyen nice gerçek olayların sebebini araştırırken, bazen asıl sebep, en sonra akla gelen olabiliyor.

......

Haldun Taner

1 - Düşünce üretmek ne demektir ?
2 - Sizce dört olasılıktan hangisi geçerlidir ? Neden ?
3 - Adamın 15. kata kadar gitmesinin gerçek nedeni nedir ?
4 - Son paragrafta ne anlatılmak isteniyor ?
5 - Gökdelen, asansör, zemin, olasılık sözcüklerinin anlamlarını bul.
6 - "Bir arkadaşın okula gelmemiş"
"Arabanın birisi kaza yapmış"
} Bu iki olaydan birisini seç. Neden böyle olmuştur ? Olasılıkları madde madde yaz.

Cevap : Adamın boyu, 155 cm. olduğu için, eli ancak 15. katın düğmesine yetişmektedir. İnişte zemin düğmesi en altta olduğu için, ona kolayca basıp, rahat rahat aşağıya inmektedir.

Eskimolar Nasıl Yaşarlar?

Eskimolar kutup bölgelerinde yaşarlar. Yiyecekleri av hayvanları ve balıklardır. Çünkü; kutup bölgeleri yılın dört mevsiminde buzlarla kaplıdır. Tarım yapılmaya elverişli toprak yoktur.

Eskimoların evleri buzdan yapılmış mağaralar şeklindedir.

Avladıkları ren geyiği, beyazayı, fok balığı derilerinden elbise dikerek giyerler. Bu avlarının etini yer yağlarını bir çeşit mum yaparak aydınlanırlar.

Kutup bölgelerinde altı ay gece, altı ay gündüz olur. Güneş pek yatay geçtiği için iyice ısıtmaz ve bazen aylarca hiç görünmez. Güneşli aylarda, Eskimolar, karanlık günler, yani kış için yiyecek, giyecek ve aydınlanıp ısınacak maddeleri hazırlamak çabası içindedirler. Eskimolar, kısa boylu, soğuğa dayanıklı insanlardır. Köpeklerin çektiği kızaklarla avlarını taşırlar. Ren geyiklerini de kızaklara koşarak kullanırlar.

1 - Eskimolar ner ede yaşıyorlar ?

2 - Eskimolar neden yalnız balık ve av hayvanları yiyorlar ?

3 - Eskimolar , hangi hayvanlardan nasıl yararlanıyorlar ?

4 - Eskimoların kendileri ve evleri nasıldır ?

5 - Bu metinde önemli gördüğünüz kısımları, kısa notlar halinde defterine yaz.

Sağlıklı Beslenme

İnsanların sağlıklı yaşamaları için, sağlıklı bslenmeleri gerekir. Bunun için, resimde görülen yiyeceklerin hepsinden, belli ölçülerde alınması gerekmektedir. Uzmanlar, sağlıklı yaşama için "10 Altın Öğüt" veriyorlar.

1 - Resimdeki varlıkların isimlerini söyle. Tabela şeklinde yaz.

Vitaminler : Salata, armut...

İçecekler : Süt, kahve, su...

2 - "10 Altın Öğüt"te neler söylenmek isteniyor ? Açıkla.

3 - "10 Altın Öğüt"ten hangilerini yapıyorsun ? Hepsini defterine yaz.

Hasan ile İlknur portakalı sever.
Nermin ile Ali mandalinayı sever.
İlknur ile Mehmet elmayı sever.
Hasan ile Nermin muzu sever.

Örnek:

Portakal ile muzu seven kimdir ? ..*Hasan*....

SORULAR

1 - Portakal ve elmayı seven kimdir ? ....
2 - Muzu seven fakat portakalı sevmeyen kimdir ? ....
3 - Yalnız mandalinayı seven kimdir ? ....
4 - Muzu ve mandalinayı seven kimdir ? ....
5 - Yalnız elmayı seven kimdir ? ....
6 - Muzu sevmeyen fakat portakalı seven kimdir ? ....
7 - Muzu seven fakat mandalinayı sevmeyen kimdir ? ....
8 - Portakalı seven fakat elmayı sevmeyen kimdir ? ....
9 - Mandalinayı seven fakat muzu sevmeyen kimdir ? ....
10 - Mandalinayı seven fakat elmayı sevmeyen kimdir ? ....
11 - Yalnız bir meyveyi seven oğlanlar kimlerdir ? ....

1 - Yukarıda kaç farklı isim geçiyor ?
2 - Yukarıdaki soruların hepsini, tam cümle kurarak sözlü cevapla.
3 - 3., 4., 5., 6., 7. soruları, tam cümle kurarak yazılı cevapla.
4 - Değişik şekillerde, benzeri örnekler geliştir.

Elif Doktorda

Elif hasta oldu. Dün doktora geldi. Bekleme odasında sırasını bekledi. Sırası gelince, doktorun yanına geçti. Doktor çeşitli sorular sordu. Daha sonra muayene etmeye başladı.

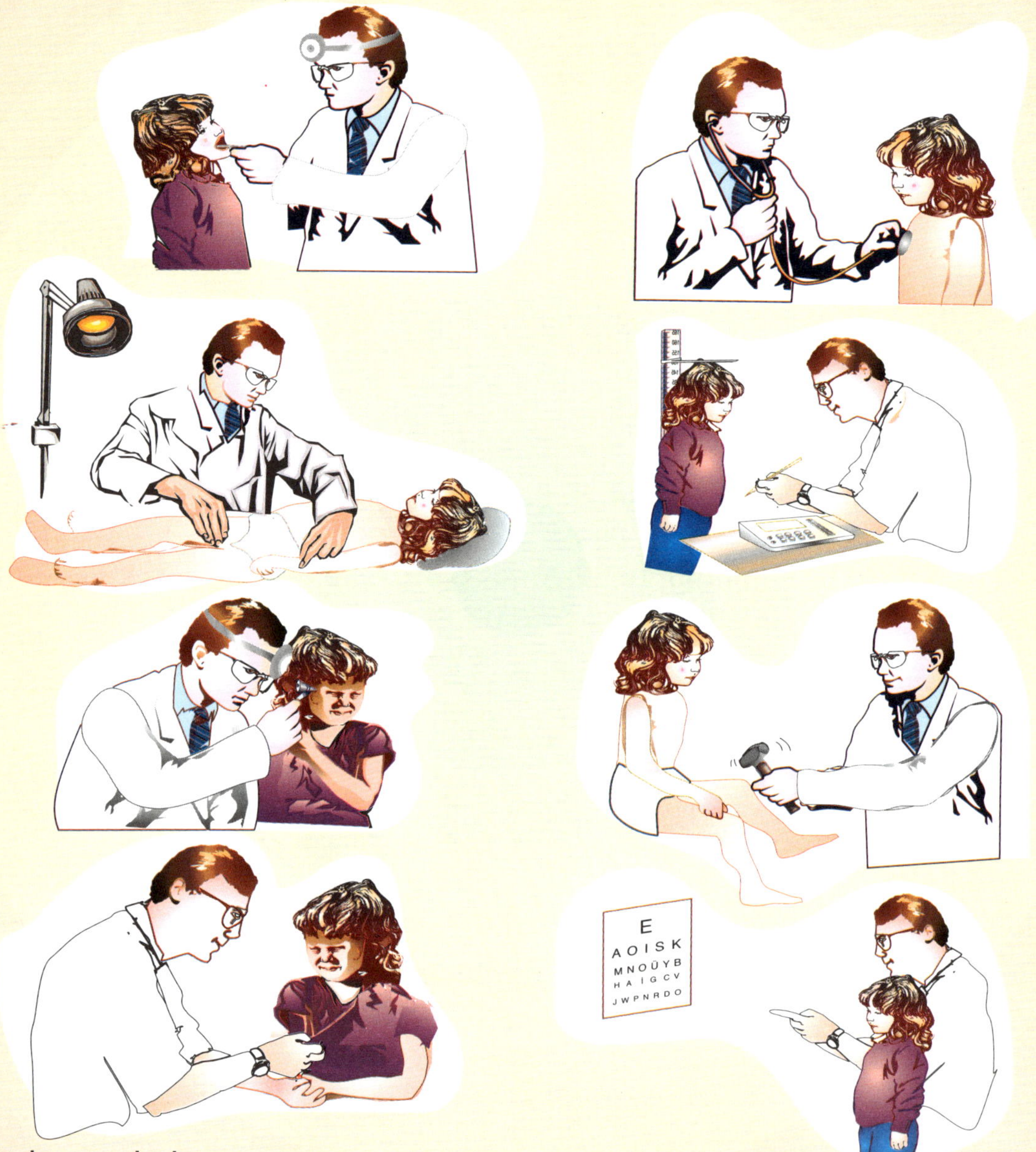

- Kulağına baktı.
- Göğsünü ve sırtını dinledi.
- Parmağından kan aldı.
- Küçük çekiçle dizine vurdu.
- Ağzını açıp boğazına baktı.
- Boyunu ve ağırlığını ölçtü.
- Uzaktan harfleri göstererek, göz testi yaptı.
- Karnını ve ayaklarını muayene etti

Ünsüz harfle biten iki heceli bazı sözcüklere, ünlü harfle başlayan bir ek gelince, bu sözcüklerin son hecesindeki ünlü harf düşer. Buna hece düşmesi denir.

burun >>> burnu **karın >>> karnı alın >>> alnı** **şehir >>> şehri** **ağız >>> ağzı**

resim >>> resmi **akıl >>> aklı** **göğüs>>> göğsü** **gönül >>> gönlü**

1 - Resimde gördüklerini, aşağıdaki bilgiler yardımıyla, sırası ile anlat ve yaz.
2 - Yazdıklarını "ben" formunda oku. Doktordaki bir anını anlat.
3 - Bildiğin hastalıkların isimlerini yaz.
4 - Hece düşmesine uğrayan sözcüklerle cümleler kur.

Muayene

(Geniş bir muayenehane, doktor masasının başında. Doktor yardımcısı içeri bir hasta sokar, zavallının vücudu iri, göğsü geniş ama benzi sapsarıdır.)

Doktor – Buyurunuz efendim, neyiniz var?
Hasta – Ah, efendim! Çok fenayım.
Doktor – Nerenizden şikayetçisiniz?
Hasta – Her tarafımdan.
Doktor – Fakat en çok nerenizden?
Hasta – Karnımdan mı diyeyim, göğsümden mi diyeyim? Kısacası şuramdan...
(Sağ kaburgasını gösterir. Doktor kalkar. Kulağını bu gösterilen yere dayar. Dinler. Öksürmesini ister, nefes aldırmaz. Sonra eliyle dokunur.)
Hasta – Aman, aman...
Doktor – Acıyor mu?
Hasta – Bıçak saplanır gibi.
Doktor – İşte hastalık burada.
Hasta – Zannederim.
Doktor – Zannetmeyiniz, bunda şüphe yok.
Hasta – Evet, en çok buramdan rahatsızım.
Doktor – Bir yerden düştünüz mü?
Hasta – Hayır.
Doktor – Savaşta kurşun filân yediniz mi?
Hasta – Hayır.
Doktor – Fakat tuhaf, mutlaka bir şey oldu. İyice düşünüz bakayım. *(Hasta elini şakağına kaldırır. Bir süre düşünür.)*
Hasta – Ah, bir gün dalgın dalgın gidiyordum. Dörtnala koşan bir arabasının oku böğrüme çarptı.
Doktor – Tamam, işte sebep! Dün mü bu kazaya uğradınız?
Hasta – Hayır.
Doktor – Ya ne vakit?
Hasta – Yedi sekiz ay var.
Doktor – Ne? Yedi sekiz ay... Kazaya uğrayınca hiç bir şey yapmadınız mı?
Hasta *(Biraz düşündükten sonra)* – Evet, yaptım.
Doktor – Ne yaptınız?
Hasta – Arabacıyı aşağıya çektim. Altıma aldım. Polisler imdada gelinceye kadar dövdüm;
Doktor – ...

Ömer Seyfettin

Sıfatlara, bazı durumlarda anlamlarını etkileyen ek ya da sözcük getirilerek anlam derecelendirilmesi yapılır.

Eşitlik derecesi : Alnım ateş gibi yanıyor.
Üstünlük derecesi : Karnımdan daha çok başım ağrıyor
En üstünlük derecesi : En kötü hastalık kanserdir.

1 - Sınıfta bu metni canlandırın ?
2 - Hangi organların adı geçiyor ? Diğer organlar ? Bunlarla cümleler kurun.
3 - Üç tane soru, üç tane cevap cümlesi bulup yazın.
4 - Bu parçada geçen noktalama işaretlerini bul ve isimlerini söyle.

Trafik Kazası

Kompozisyon : **1 - Öğrencilere duygu ve düşüncelerini, tasarımlarını sıraya koyup, açık ve etkili bir biçimde anlatmalarını öğreten ders ve dersle ilgili yazılı çalışma, uygulama.**
2 - Ayrı ayrı parçaları bir araya getirerek bir bütün oluşturma, düzenleme.
3 - Öğrenilenleri bir araya getirme işi.

1 - Resimde neler görüyorsun ? Resmin üzerinde verilen parçalarda hangi bilgiler var ?
2 - Bu bilgiler ve resim yardımı ile, trafik kazasını anlatan bir kompozisyon yaz.
3 - Gördüğün ya da yaşadığın bir olayı, yukardaki soru sözcüklerine cevap verecek şekilde sırasıyla anlat.

Hediye

Köylünün biri, bir gün Krala hediye götürmek istemiş. Bahçesinin en güzel armutlarını toplayıp yola çıkmış. Sarayın kapısına geldiğinde korumalar kendisini bir türlü içeriye koymak istememiş.

Korumalardan biri köylüye:

– Eğer kralın, sana verdiği hediyenin yarısını bana vermeyi kabul edersen, seni kralın huzuruna çıkarırım.

Ne yapsın köylü... Kabul etmiş. Kral, köylüye bu güzel davranışından ötürü tebrik etmiş ve kendisine:

– Aziz köylü demiş. Bu güzel davranışın karşısında sana ne verebilirim ? Benden ne dilersin ?

Adam cevap vermiş:

– Sırtıma elli sopa...

Kral şaşırmış:

– O da ne demek?

Köylü kapıdaki korumanın söylediğini aynen tekrarlamış. Kral korumayı çağırtmış, kendisine tam yirmibeş sopa vurdurmuş ve yanından kovmuş. Köylüyü ise kucak dolusu hediyelerle evine yollamış.

Bileşik yapılı fiiller : Birden çok sözcüğün anlamca kaynaşıp birleşmesiyle oluşurlar.

yap + bilmek >>> yapabilmek — **gör + bilmek >>> görebilmek**

yürü + bilmek >>>yürüyebilmek — **sabır + etmek >>> sabretmek**

1 - Köylü neden krala gitmek istiyor ?

2 - Kraldan neden elli sopa istiyor ?

3 - Öyküde, sonu üç nokta (...) ile biten cümleleri yaz.

4 - Bileşik yapılı fiillerle cümleler kur. Böyle başka fiil biliyormusun ?

Çağrı

Haydi gelin çocuklar!
Komut Kinder!
Venez-enfants!
Come on!
Vengono Babmbini!

Haydi gelin birlikte,
Eğlenelim oynayalım.
Şipşirin ülkemizi,
Gezerek tanıyalım.

Tertemiz denizinde,
Haydi gelin yüzelim.
Side, Bodrum, Fethiye,
Aspendos'u gezelim.

Akdeniz ve Ege'den,
Yola devam edelim.
Örneğin içerlere,
Ürgüp'e de gidelim.

Dağlara insan oğlu,
Kent oyupta oturmuş.
Şakacı rüzgârlarsa,
Yerlere baca kurmuş.

Türkiye kaynağıdır,
Birçok uygarlıkların.
Sonra yine bekleriz.
Şimdilik hoşçakalın.

Güle güle!
Auf Wiedersehen!
Good-bye!
Ciao!

1 - Çağrı hangi dillerde yapılıyor ?
2 - Resimde gördüğün yerlerin neresi olduğunu biliyormusun ? Öğren ?
3 - Nerelere gitmeyi öneriyor ? İsmi geçen yerleri, Türkiye haritasından bul.
4 - Ürgüp hakkında bilgiler hangi dörtlükte veriliyor ? Bu dörtlüğü yaz.
5 - Türkiye'nin birçok uygarlığın kaynağı olduğu, nelerden anlaşılıyor ?
6 - Şiirde geçen özel isimleri yaz. Bunların özel isim olduğunu nereden biliyorsun ?

Türkiye

Adı	:	Türkiye Cumhuriyeti
Kısa yazılışı	:	TC
Başkenti	:	Ankara
Nüfusu	:	62.000.000
Yüzölçümü	:	814.578 kilometrekare (km^2)
Yönetim şekli	:	Cumhuriyet
Para birimi	:	Türk lirası
Resmi dili	:	Türkçe
Uluslararası plakası	:	TR
Eyalet sayısı	:	Eyalet sistemi yok. 80 il var.
En kalabalık şehri	:	İstanbul (9 Milyon)
En uzun akarsu	:	Kızılırmak (1355 km)
En yüksek tepesi	:	Ağrı Dağı (5165 m)
En büyük gölü	:	Van Gölü (3713 kilometre kare km^2)

1 - Türkiye haritasını incele. Gördüğün ve ailenin geldiği şehirlerin ismini yaz.
2 - Türkiye'nin etrafında bulunan denizlerin isimlerini yaz.
3 - Türkiye, hangi ülkelerle komşu ? İsimlerini yönleriyle söyle.
4 - Yukardaki bilgileri arkadaşına sor. Bitirince o sorsun, sen cevapla.
5 - Türkiye hakkında başka neler biliyorsun ya da başka neler bilmek istersin ?
6 - Buradaki .ilgilere göre, Türkiye ile Almanya'yı karşılaştır.

Almanya

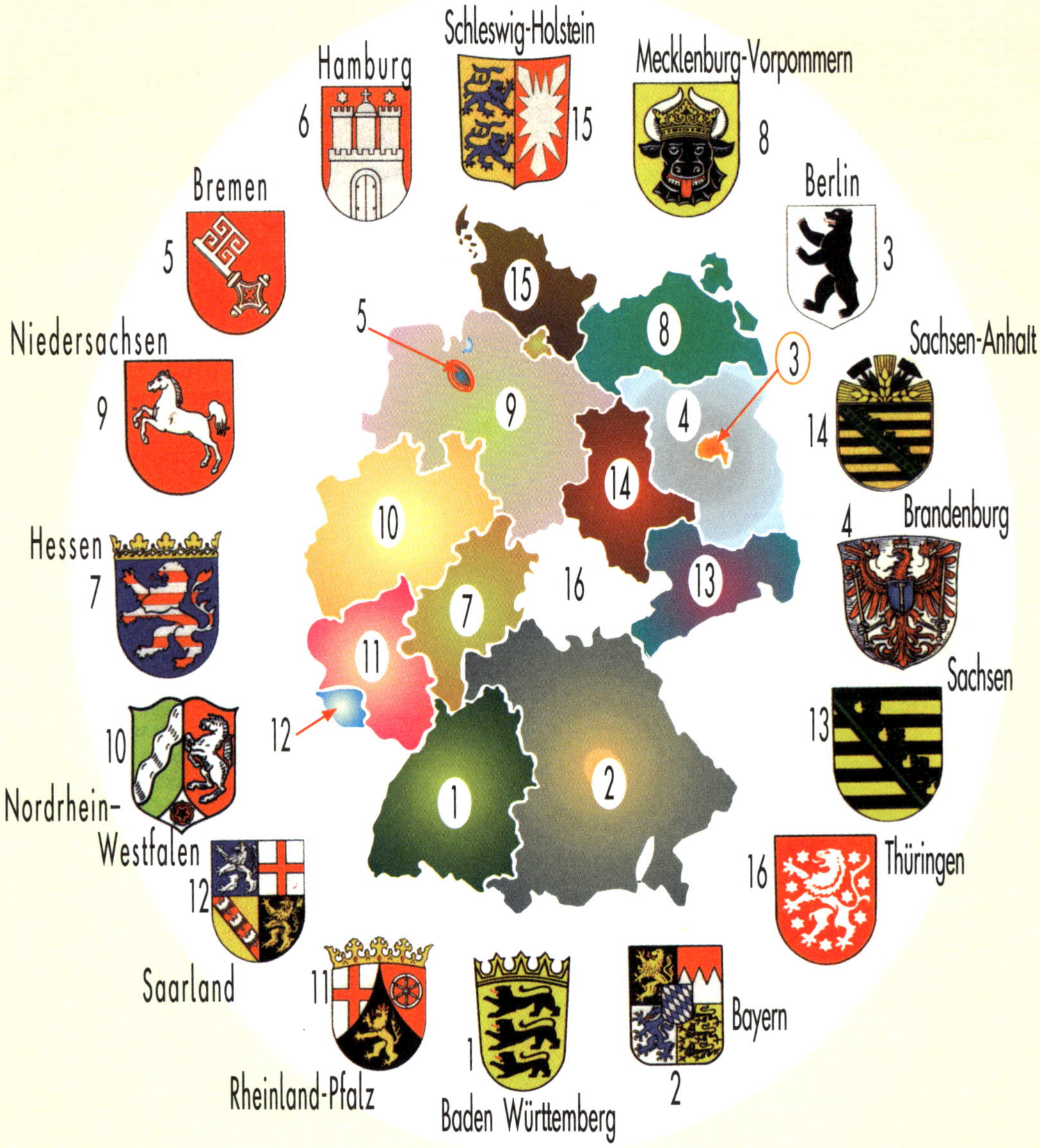

Adı	: Federal Almanya Cumhuriyeti
Kısa yazılışı	: BRD
Başkenti	: Berlin
Nüfusu	: 81.000.000
Yüzölçümü	: 356.945 kilometrekare(km^2)
Yönetim şekli	: Cumhuriyet
Para birimi	: Alman markı
Resmi dili	: Almanca
Uluslararası plakası	: D
Eyalet sayısı	: 16 eyalet
En kalabalık şehri	: Berlin (3.350.000)
En uzun akarsuyu	: Donau (2858 km.)
En yüksek tepesi	: Zugspitze (Alpler 2963 m)
En büyük gölü	: Bodensee (539 kilometrekare (km^2)

1 - Yukarda, Almanya hakkında, hangi bilgiler veriliyor ? Bunları öğren.

2 - Almanya'da hangi eyalette yaşıyorsun ? Eyaletleri abece sırasına göre yaz.

3 - Türkiye ile Almanya'yı karşılaştır.

Bir İlin Kimliği

Adı	: Ankara
Plaka numarası	: 06
Bulunduğu bölge	: Orta Anadolu Bölgesi
İklimi	: Kara iklimi. Kışlar soğuk, yazlar sıcak ve kurak.
Yüzölçümü	: 25.706 km2
Nüfusu	: 3.236.626 (1990 sayımı)
Nüfus yoğunluğu	: 126
Komşu olduğu iller	: Bolu, Çankırı, Karabük, Kırıkkale, Aksaray, Konya, Eskişehir, Kırşehir.
Başlıca dağlar	: Elmadağı, İdris Dağı, Karyağdı Dağı, Işık Dağı.
Başlıca akarsular	: Sakarya, Ankara Suyu, Çubuk Suyu.
Başlıca göller	: Tuz Gölü, Mogan Gölü, Emir Gölü.
İlçeleri	: Altındağ, Çankaya, Etimesgut, Keçiören, Mamak, Sincan, Yenimahalle, Akyurt, Ayaş, Bala, Beypazarı, Çamlıdere, Çubuk, Elmadağ, Evren, Gölbaşı, Güdül, Haymana, Kalecik, Kazan, Kızılcahamam, Nallıhan, Polatlı,
Köy sayısı	: 926
Başkent olduğu tarih	: 13 Ekim 1923
Görülmeğe değer yerleri	: Anıtkabir, Gençlik Parkı, TBMM, Ankara Kalesi, Atatürk Orman Çiftliği
Adını verdiği hayvanlar	: Ankara Kedisi, Ankara Keçisi, Ankara Tavşanı (Angora)

1- Ankara hakkında neler öğreniyorsun?
2- Yukardaki bilgilerden sizce en önemli ve ilginç olanlar hangileridir?
3- Bir harita üzerinde verilen bilgileri bulun.
4- Ankara iline bakarak, Türkiye'nin idari yapısının nasıl olduğunu anlat.
5- Ailenizin Türkiye'den geldiği ili, benzer şekilde incele.

Kilim

El emeği, alın teri, göz nuru;
Bu kilimde üç çilenin yünü var;
Boşa değil şu kibiri, gururu;
Yedi iklim, dört köşede ünü var.

Renk almış yaylanın çiçeklerinden,
Desen tutmuş buğday başaklarından,
Gök kuşağı ağmış saçaklarından;
Üzerinde bir ilkbahar günü var.

Her teli bir pınar olup akmada,
Her düğüm yâr gözü gibi bakmada,
Biçimler el ele halay çekmede;
Sanki ortasında köy düğünü var.

Yetik Ozan

Deyim : Sözlük anlamından sıyrılmış birden çok sözcüğün, başka bir anlama gelecek biçimde kalıplaşması.
ağzı bozuk, kulak vermek, eli uzun...

1 - *Deyim ne demektir ? Yukardaki deyimler ne anlama geliyor ?*
2 - *Şiirde geçen deyimleri bul. Bunlarla cümleler kur.*
3 - *Kilim neden gururlu ?*
4 - *Kilim rengini desenini nelerden almıştır ?*
5 - *Kilim üzerinde deseni, saçağı ve bildiğin diğer bölümleri göster.*
6 - *El işi neye denir ? Hangi işler el işidir ? El işleri neden pahalı oluyor ?*

Halay

Çırpınır gönüller, halay çekerken,
Davul coşkun, tel nazlı nazlı.
Keklik olup uçtan uca sekerken,

Ayak kıvrak bel nazlı nazlı.

Yazmalar başlarda pul pul gülüşür,
Açılır yanaklar gül gül gülüşür,
Savrulur fistanlar, al al gülüşür.

Çiçek başka başka. dal nazlı nazlı.

Görüştü, sevişti gözler düğünde.
Gülüştü, kızardı yüzler düğünde.
Zeybek halay çekti, kızlar düğünde,

Eller liyme liyme, kol nazlı nazlı

Âşık Veysel

1 - Halay çekerken neler olurmuş ?
2 - Türk düğünlerinde hangi oyunlar oynanıyor ? Türk düğünleri nasıl oluyor ?
3 - Türk folklorunda, halaydan başka hangi oyunlar var ? Bunların ismi ne ?
4 - Folklor kıyafetleri bölgelere göre nasıl oluyor ?
5 - Bu şiiri yazan, Aşık Veysel hakkında bilgi topla, O'nu sınıfta tanıt.

Memleketim

Memleketim güzeldir
Güzeldir memleketim
Edirne'den Kars'a kadar...
Sıra sıra dağlarıyla
Yemyeşil ovalarıyla
Şırıl şırıl akan ırmaklarıyla...

Güzeldir memleketim
Memleketim güzeldir
Ağaçlarıyla kuşlarıyla...
Dağlar arasına dağılmış
Köyleriyle kasabalarıyla...

Memleketim güzeldir
Güzeldir memleketim
Dünyanın bütün güzelliklerini
Taşır sırtında...
Yediveren gülleri
Açar topraklarında...
Memleketim güzeldir
Güzeldir memleketim
Edirne'den Kars'a kadar...

Derya Altıntren

1- Türkiye haritasının üzerinde neler var?
2- " Edirne' den Kars' a kadar, " dizesiyle ne anlatılmak isteniyor?
3- Türkiye neleri ile güzel? Bu şiirde nasıl anlatılıyor?
4- Türkiye' de en çok neleri beğeniyorsun? En çok neleri seviyorsun?

İstiklâl Marşı

Korkma, sönmez bu şafaklarda yüzen al sancak;
Sönmeden yurdumun üstünde tüten en son ocak.
O benim milletimin yıldızıdır, parlayacak;
O benimdir, o benim milletimindir ancak.

Çatma, kurban olayım, çehreni ey nazlı hilâl!
Kahraman ırkıma bir gül ne bu şiddet, bu celâl
Sana olmaz dökülen kanlarımız sonra helâl...
Hakkıdır, Hakk'a tapan, milletimin istiklâl.

Mehmet Âkif Ersoy

Her ulusun bir bayrağı ve ulusal marşı vardır. Bunlar, bir ulusun bağımsızlık sembolüdür. Hangi ulusun olursa olsun, bunlara karşı saygılı olmak gerekir.

Türk İstiklâl Marşı, Mehmet Âkif Ersoy tarafından yazılmış, Zeki Üngör bestelemiş, 25 Mart 1921 tarihinde ulusal marş olarak kabul edilmiştir.

İstiklâl Marşı söylenirken saygı duruşuna geçilir. Marş bitinceye kadar hareket edilmez. Yürüyen bir kimse İstiklâl Marşı'nı duyunca, marş bitinceye kadar olduğu yerde durur.

1. İstiklâl Marşı'nı defterinize yazınız.

Memleket İsterim

Memleket isterim
Gök mavi, dal yeşil, tarla sarı olsun;
Kuşların çiçeklerin diyarı olsun.

Memleket isterim
Ne başta dert ne gönülde hasret olsun;
Kardeş kavgasına bir nihayet olsun.

Memleket isterim
Ne zengin fakir, ne sen ben farkı olsun;
Kış günü herkesin evi barkı olsun

Memleket isterim
Yaşamak, sevmek gibi gönülden olsun;
Olursa bir şikayet ölümden olsun.

1- Şair nasıl bir memleket istiyor? Bu konuda sen neler düşünüyorsun?
2- Sen nasıl bir memleket istiyorsun? Şairin söylediklerini ekliyecek başka bir düşüncen var mı?
3- " Olursa bir şikayet ölümden olsun " ne demektir? Açıkla.
4- Nerede yaşamak isterdin? Neden?
5- Şiiri ezberle. Vurgulara dikkat ederek oku.

Hayvan Hakları Bildirisi

1- Hangi hayvanlar, hangi görüşleri savunuyor? Açıkla.
2- Bu görüşlerden hangilerine katılıyorsun? Neden?
3- En önemli gördüğün beş maddeyi defterine yaz.
4- Çocukların ne gibi hakları vardır? Sınıfta tartışın.
5- Çocuklar için böyle bir bildiri hazırlayın.

Hayvanat Bahçesini Geziyoruz

A **Afrika hayvanları**
B **Evcil hayvanlar**
C **Kuş çimenliği**
D **Avusturalya hayvanları**
E **Hayvanların serbest dolaşım alanları**
F **Sürüngenler**
G **Deve çimenliği**
H **Lama bölümü**
I **Tek tırnaklı hayvanlar**
J **Diğer hayvanlar**
K **Antilop bölümü**

1 Ana giriş ve kasalar
2 Süsbalıkları havuzu
3 Büyük kuş kafesleri
4 Yırtıcı kuşlar
5 Camekan
6 Deve kuşu kümesi
7 Güvercin kümesi
8 Çocuk oyun alanı
9 Tuvaletler
10 Filler bölümü
11 Büfe-lokanta-teras
12 Akvaryum
13 Hayvan ahırları
14 İdare binası
15 Maymun kafesi
16 Papağan ağacı
17 Keçi ahırı
18 Domuzlar
19 Video salonu
20 Yeşil alan
21 Filamingo bölümü
22 Havuz
23 Midilli atları (pony)
24 Yırtıcı kuşlar
25 Avusturalya hayvanları
26 Aslanlar
27 Kaplanlar
28 Kangurular
29 Ördek havuzu
30 Eşek ahırı
31 Özel binalar
32 Serbest uçuş bölümü
33 Lama ahırı

1- Hayvanat bahçesinde, hangi bölümler harflerle ayrılmış? Bu bölümlerde neler var?
2- Girişten itibaren aslanları görmek istersen oraya nasıl gidersin? Plan üzerinde göster?
3- Hayvanat bahçesi planının ne gibi yararları var?
4- Hayvanat bahçesinde, hayvanlara ayrılmış yerlerin dışında neler var? Buralar neye yarıyor?
5- Hiç hayvanat bahçesine gittin mi? Gördüğün hayvanat bahçesi ile planı karşılaştır.

Aslancık

Bir küçücük aslancık varmış
Çöllerde koşar oynarmış,
Babası onu çok severmiş;
"Sen benim canımsın" dermiş.

Bir gün aslan baba harbe gitmiş
Küçüğün neşesi bitmiş,
Aslan baba harpte vurulmuş,
Küçük de çölden kovulmuş.

Bu hikâyenin sonu pek hoştur,
Söylemem, söylemem, ah ne hoştur!

(Eski bir çocuk şarkısı)

Küçültme eki: Sözcüklerin anlamlarına küçüklük, azlık, sevgi, acıma vb. anlam katan ekler.
güzel-ce, aslan-cık, adam-cağız, yeşil-imsi, sarı-mtrak

1 - *Altı çizilen sözcüklerin yerine şu sözcüklerden hangileri konabilir ?*
savaş - aslancığı - öykünün - ufacık - yaralanmış - zıplar - sürülmüş - ciğerimsin - sevinci - zevklidir.
2 - *Bu şiiri yukarda verilen sözcükleri kullanarak düz yazı (öykü) şeklinde yazın.*
3 - *Şiirde olay, -miş'li geçmiş zaman kullanılarak anlatılmış.Olayı öykü gibi -di' li geçmiş olarak anlat.*
Bir ufacık aslancık vardı. Çöllerde koşar oynardı...
4 - *Kedi, köpek, kuzu, çocuk, kitap, ev sözcüklerinin sonlarına küçültme eki getirerek yazın.*

Kurt ile Yaşlı Kadın

Aç bir kurt avlanmaya çıkmıştı. Dolaşırken, gele gele bir köyün yakınına geldi. Kulübelerden birine sokulup içeri kulak kabarttı. İçerde bir çocuk ciyak ciyak ağlıyordu. Yaşlı bir kadının çocuğu azarlıyordu.

– "Susmazsan kurda veririm seni, ha! Hamm der yer sonra seni!" diyordu yaşlı kadın.

Kurt bunu işitince çok sevindi. " Hadi işim iş yine," dedi. "kısmetim ayağıma geldi." Ve oracığa bir yere kıvrılıp yattı. Yaramaz çocuğu kendisine vermelerini beklemeye koyuldu.

Bekle allah bekle! sabah olmuş, güneş doğmuştu. Kurt hâlâ bekliyordu ama içerden ses soluk çıkmıyordu.

Derken çocuk yine ciyaklamaya başladı. Kurt, yaşlı kadının çocuğu yatıştırırken şöyle dediğini işitti: "Ağlama yavrum ağlama!.. Ben biricik yavrumu kurda verirmiyim hiç ? Hele kurt buraya bir gelsin, o görür gününü, bak o zaman ben onu nasıl öldürürüm!..."

Dışarda dört gözle çocuğun kendisine atılmasını bekleyen kurdun hevesi kursağında kaldı. "Bu köydekilerin bir dediği bir dediğini tutmuyor," diye düşündü. "Belli ki bu köyde ekmek yok bana."

Sonra da kuyruğunu bacakları arasına kıstırarak aç acına uzaklaşıp gitti o köyden.

Tolstoy

Sert sessizlerin yumuşaması: Sert sessizle biten bir kelimeden sonra, sesli harfle başlıyan bir ek gelirse, sözcük sonundaki sessiz harf yumuşar.

ilaç: Ek alınca ç harfi c olur: ilacı
kurt: Ek alınca t harfi d olur: kurdu
çocuk: Ek alınca k harfi ğ olur: çocuğu
kitap: Ek alınca p harfi b olur: kitabı

1- Yaşlı kadın çocuğu nasıl korkutuyor? Çocukların korkutulması doğru mu? Neden?
2- Her iki resimde gördüğün yüz ifadelerini karşılaştır?
3- Bu öyküde giriş gelişme ve sonuç bölümlerini göster. Her bölümde ne olduğunu anlat.
4- Öyküde geçen sözcüklerden, sert sessizlerin yumuşamasına örnek olanları göster.
5- Hala - hala, kar - kar, adet - adet sözcüklerinin anlam ve yazılış farkları nelerdir? Her biri ile ayrı ayrı cümleler kur. Düzeltme işareti olan diğer sözcükleri bul.

Dedikoducu Karatavuk

Küçük Aktavuk, kümesin üzerinden atlarken dönüp geriye baktı:

"Aman Allahım, bir tüyüm daha düştü. Eğer her atlayışımda böyle biri düşerse hiç tüyüm kalmayacak. Sonunda kimbilir neye benzeyeceğim?" diye söylendi.

Küçük Aktavuk, şakacı biriydi. Ne söylediğini unutup, az sonra derin bir uykuya daldı. Ama komşu kümeste yatan Karatavuk, fırlayıp ayağa kalktı. Söz taşımayı çok severdi. Komşusunun başına gelen böyle bir olayı nasıl olur da çevreye duyurmazdı? Hemen Boz Kaz'ın kapısını çaldı:

"Ömrümde böyle şey duymadım. Aman yetişin. Aktavuk tüylerini yoldu bitirdi. Çırılçıplak kaldı," dedi.

Boz Kaz, hemen dışarı fırladı. Bitişik ağaçta oturan Körbaykuş'a koştu:

"Duydun mu komşu? Zavallı Aktavuğun başına gelenlerden haberiniz var mı? Üzerinde tek tüyü kalmadığından şimdi evden dışarı çıkamıyormuş. Vah zavallı vah! Kimbilir ne kadar üşüyordur..."

Körbaykuş, "vuu vuu" diye öttü.

"Nereden duydun?" diye sordu.

Boz Kaz heyecanla:

"Tüm çiftlik bu haberle çalkalanıyordu. Haber kendi gözümle görmüş kadar kesin," dedi.

Körbaykuş pekiştirdi:

"Kuşkusuz öyledir canım."

Ötede kabarıp öten güvercin habere kulak verdi. Körbaykuş ona yaklaştı:

"Duydun mu komşu duydun mu?"

"Neyi?"

"Neyi olacak, Aktavuğun başına gelenleri? Zavallıcık bu soğukta çırılçıplak dolaşıyormuş. Sırtında tek tüyü kalmamış. Şimdiye kadar donup ölmemişse, yarın mutlaka ölür."

Güvercin kanat çırparak havalandı. Ötelerde başka bir çiftliğin avlusuna kondu. Yanına gelen küçük yeşil ördeğe:

"Duydun mu?" diye sordu.

Yeşil Ördek merakla:

"Neyi duydun mu?"

"Neyi olacak, Aktavuğun başına gelenleri? Zavallı Aktavuk tüm tüylerini yoldu, dımdızlak ortada kaldı. Sanırım şimdiye soğuktan donup ölmüştür. Ölmediyse de can çekişiyordur..."

Yeşil Ördek, "vak vak vak", diyerek koştu. Yolda Kızıltavuğa rastladı. Bire bin katarak anlattı duyduklarını.

Kızıltavuk, Aktavuğun arkadaşıydı. O da heyecanla kümese koşturdu. Olanları tavuklara anlattı. Tüm tavuklar haberi ilgiyle dinlediler. "Kimden duydun ?" diye sordular.

"Yeşil Ördekten duydum. O da güvercinden duymuş..."
dedi Kızıltavuk.

Tavukların tümü birden:

"Boş ver... Biz böyle söylentilere inanmayız. Haydi gidip gözlerimizle görelim," deyip yürüdüler...

Ana fikir (Ana düşünce) : Bir yazıda ya da bir yapıtta, konuyla ilgili olarak, okuyucuya söylenmek istenen temel düşünce, Yazı yazarken ana düşünce saptanmalıdır.

1- Masalda hangi hayvanların isimleri geçiyor? Sırası ile yaz.
2- Hangi hayvanların davranışını iyi bulmuyorsun? Neden?
3- Bu masalın kendi düşüncenize, devamını anlatın?
4- Bu masalı sınıfta canlandırın.
5- " Dedikodu " ne demek? Arkadaşlar arasında dedikodu yapılıyor mu?
6- "Dedikodu " ne gibi zararları var?

Akıllı Keçiler

İki keçi,
Daracık bir köprü üstünde karşılaştı.
İkisi de birbirinden inatçı:
"Önce ben geçeyim"
"Önce ben geçeyim" derken,
Cumburlop, dereye düşüverdi,
İkisi birden.
Canlarını zor kurtardılar.

Sonraki günlerde bir gün gene
Karşı karşıya geldiler.
Aynı köprü üstünde.
Bu kez akıllandılar ya:
- Buyrun geçin, yol sizin.
- Önce siz buyrun efendim.
- Yoo, siz geçiniz önce.
- Siz geçin önce, rica ederim...
Onlar böyle nezaketle
Yol veredursun birbirine
Bir tavşan, bir kirpi
Bir sincap, bir tilki
Bir karınca ordusu
Birçok böcek, kertenkele
Ve dahası yaşlı bir kaplumbağa
Geçtiler köprüden salına salına.

Baktı ki keçiler,
İşe yarar bir yöntem değil bu da.
Sonunda kafa kafaya verdiler
Ve birer trafik lambası diktiler,
Köprünün iki başına.

Ooh, işte şimdi
Herkes geçeceği zamanı biliyor,
Köprüden sırayla geçiyor.

Ayla Çınaroğlu

1 - Bu öyküde, üç farklı bölüm var. Bunlar nerede başlıyor, nerede bitiyor? Göster.
2 - Her bölümde, neler oluyor? Anlat.
3 - Sizce, en akılcı bölüm hangisi ? Neden ?
4 - Şiirde hangi hayvanların isimleri geçiyor ? yaz.
5 - Arkadaşlarınla aranızda hangi konularda anlaşmazlıklar oluyor ? Bunları nasıl çözüyorsunuz ?

Tilki ile Leylek

Tilki ile leylek ormanda tanışmışlar. Her geçen gün arkadaşlıkları pekişmiş, iki samimi dost olmuşlar.

Bir gün tilki, leyleği yemeğe davet etmiş. Leylek daveti kabul etmiş.

Tilki, sulu yemekler pişirmiş. Bunları düz tabaklara doldurmuş. Uzun gagalı leylek, bunlardan hiç yiyememiş. Karnı aç kalmış. Tilki, hepsini afiyetle yemiş.

Biraz canı sıkkın, biraz düşünceli yemekten ayrılmış. Kendine yapılan, dostluğa yakışmayan bu haksız davranışa karşılık vermek istiyormuş. O da tilkiyi davet etmiş.

Leylek bütün yemekleri, ince uzun boru gibi tabaklara doldurmuş. Tilkinin ağzı, dar tabaklara sığmadığı için, yemekleri bir türlü yiyememiş. Leylek, uzun gagasını daldırıp tüm yemekleri yemiş. Sonra da, "lak lak, lak lak" diye kafasını kaldırıp ötmüş.

Tilki, yaptıklarından utanmış. Başkasına tuzak kuran, kötülük düşünenlerin, aynı olayla karşılaşacaklarını anlamış.

Çağdaş "Tilki ile Leylek" öyküsü..

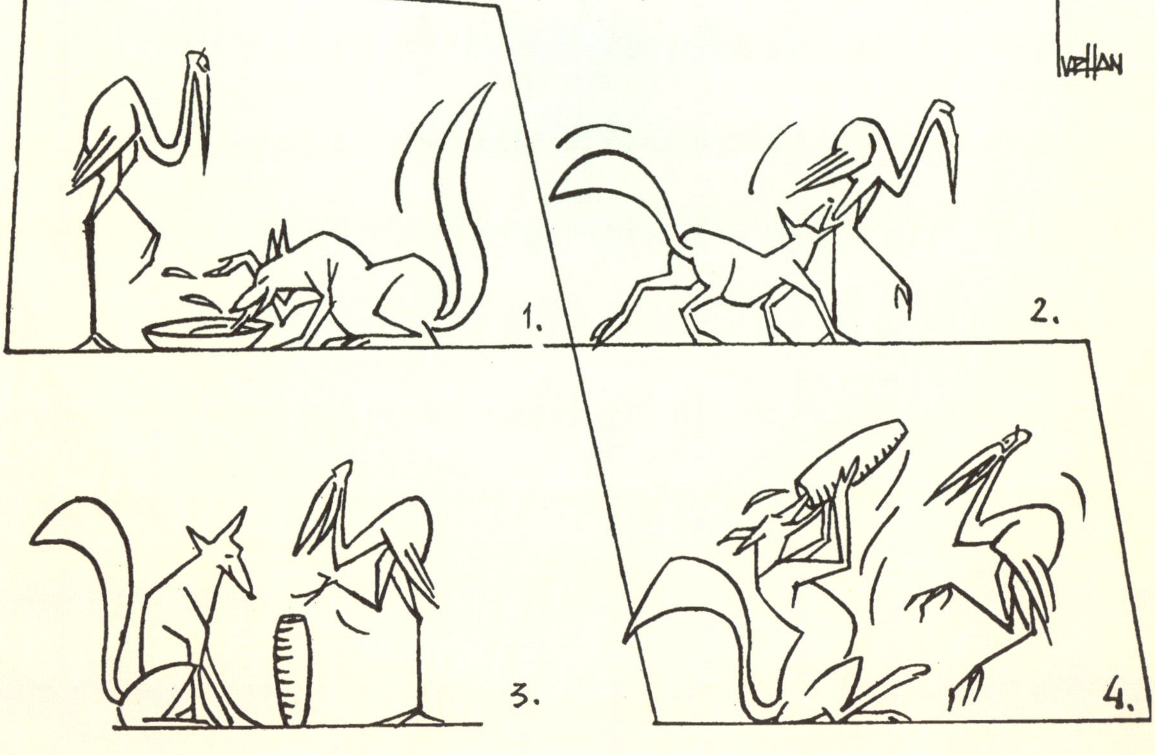

Milliyet - 28.2.1993

Karikatür : Bir kimsenin, bir şeyin ya da bir olayın kimi özelliklerinin insanı güldürecek biçimde abartılarak çizilmesi.

Karikatürist: Karikatür çizen kimse, ressam.

1 - Yukardaki fablda neler anlatılıyor ? Bize nasıl bir ders veriliyor ?

2 - Karikatürde neler görüyorsun ? Gördüklerini anlat.

3 - Karikatür ile fabl arasında hangi farklar var ?

4 - Karikatür neye denir ? Nerelerde karikatür görüyorsun ? Birkaç karikatür bulup sınıfa getir.

Güvercin ile Karınca

Bir güvercin, durgun bir dereciğin kıyısına konmuş, su içiyordu.

Su içeyim derken dereye düşen bir karınca gördü. Karınca kurtulmak için boş yere çırpınıp duruyordu. Tam kıyıya ulaşacak gibi olurken, yeniden ortalara sürükleniyordu

İyi kalpli güvercin karıncaya acıdı. Suya bir saman çöpü attı. Karınca, saman çöpüne tutunarak kıyıya çıktı.

Bu arada bir avcı çıkageldi. Elindeki kocaman tüfeğini güvercinin üzerine çevirdi. İçinden de şöyle geçiriyordu; "Acaba bu güvercinin haşlaması mı daha güzel olur, kızartması mı ?"

Avcı böyle düşünüp nişan almakla uğraşırken, karınca adamın topuğuna dişlerini geçiriverdi. Avcı can acısıyla "off" diye haykırınca güvercin hızla havalandı, gözden kayboldu.

Böylece her ikisi, yaptığı iyiliğin karşılığını aldı.

Fabl : Bir ahlâk dersi vermek amacıyla yazılan küçük öykü. Bu öykülerde, genellikle hayvanlar, bitkiler ve cansız varlıklar konuşturulur. Öğretici amaç güder, mutlaka bir ders verir. Şiir veya düzyazı biçiminde yazılabilir.

1 - Resimlerde neler görüyorsun ?

2 - Avcının aklından neler geçiyor ? Bu parçada nasıl yazılmış ? Resimde nasıl gösteriliyor ?

3 - Bu fabl'da giriş, gelişme, sonuç ve ders veren bölümü göster.

4 - Bu fabl'ın vermek istediği dersi bir cümle ile yaz

Arının Türküsü

Ben çalışkan arıyım,
Altın gibi sarıyım.

Borumu öttürerek,
Gezerim çiçek çiçek.

Her yaprağı yoklarım,
Her goncayı koklarım.

Kaçırıp böcekleri,
Emerim çiçekleri.

Demem bu sarı,bu al,
Her gülden alırım bal.

Kim sorsa "Hani yuvan?"
Derim: "Yuvamdır kovan!"

Tuttuğum: İş yoludur,
Kovanım,bal doludur.

Cenap Şehabettin

Zamir : İsim yerine kullanılan sözcüklere denir.
Şahıs zamirleri : Ben, sen, o, biz, siz, onlar.
İşaret zamirleri : Bu, şu, o, bunlar, şunlar, onlar.

1 - Şiirde, arıyı kim tanıtıyor ? Arı kendisini nasıl tanıtıyor ?
2 - Arı bal yapmak için neler yapıyormuş ?
3 - Şiiri, "ben" yerine, sen, o, biz, siz, onlar getirerek oku ? Neler değişiyor ?
4 - Bunlardan bir tanesi ile şiiri yeniden yaz. Örnek:

Sen çalışkan arısın,
Altın gibi sarısın

Her yaprağı koklarsın,
Her...

5 - Sen de, bazı özelliklerini, neler yaptığını söyleyerek arı gibi kendini tanıt.

Zaman Akıyor

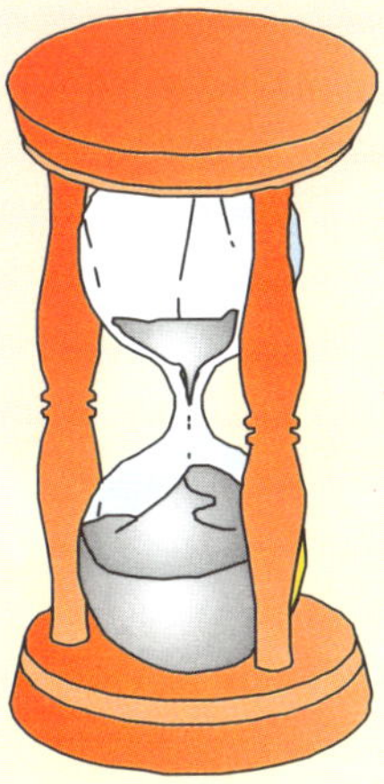

Geçmiş zaman
Gelmez geri.
Yürür zaman
Hep ileri.

Tik tak, tik tak.
Tik tak, tik tak.

Şimdiki zaman
En güzel an.
Yaşa o zaman
Yaşa o zaman.

Tik tak, tik tak.
Tik tak, tik tak.

Gelecek zamanı
Şimdiden düşün.
O da gelecek
İnsanlar görecek

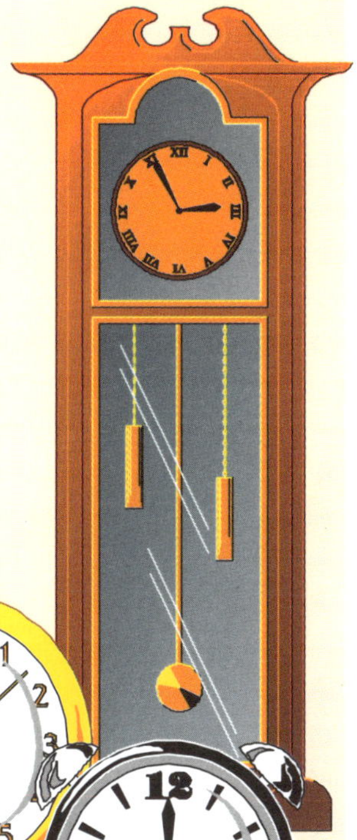

Tik tak, tik tak.
Tik tak, tik tak.

Türkçe'de fiillerde üç temel vardır :

1 - Geçmiş zaman	**2 - Şimdiki zaman**	**3 - Gelecek zaman**
Ben geldim	*Ben geliyorum*	*Ben geleceğim*
Sen geldin	*Sen geliyorsun*	*Sen geleceksin*
....	....	....

Bu üç zamanı içine alan zamana,"geniş zaman" adı verilir.

1 - Şiirde üç zaman nasıl anlatılıyor ?
2 - Örnekteki fiillerin üç zamanda çekimlerini tamamla.
3 - Resimde hangi çeşit saatler var ?
4 - Türkçe'de saat nasıl sorulur ? Saate nasıl bakılır ve söylenir ?

İlkbahar

Yağmur geçti, kar geçti,
Üşüten rüzgâr geçti,
Güneşli bahçelerden
Güzel çocuklar geçti.

Meliyor kuzucuklar,
Seviniyor çocuklar,
Yeşeren dallar taktı
Binbir renkli boncuklar.

Aka Gündüz

Yaz

Kucağı yemiş dolu
Gülerekten gelir yaz;
Doldurur sağı, solu
Pembe çilek, al kiraz.

Rüzgârlar ılık eser,
Dalda erikler güler,
Kayısı "Beni de ye" der,
Üzüme can dayanmaz.

.....

Merhametli bir peri
Isıtır sanki yeri;
Güldürür fakirleri...
Ah canım yaz, canım yaz!

Halide Nusret ZORLUTUNA

Sonbahar

Soyunan ağaçların
Dökülen yaprakları,
Bir sarı yorgan gibi
Örtüyor toprakları.

Çeşit çeşit renkleri;
Soluyor çiçeklerin.
Kapanıyor gözleri
Yaramaz böceklerin.

Çocuklara uzaktan
Haykırıyor esen yel:
"–Korunun ıslanmaktan,
Yağmur var, geliyor sel!.."

H. Ali YÜCEL

Kış

Bembeyaz oldu ortalık,
Kışın da başka tadı var.

Hava bir parça karanlık,
Her yanda buz tutmuş sular.

Gel biz de şöyle kocaman
Bir kardan adam yapalım.

Eğer düşmekten korkmazsan,
Buzun üstünde kayalım!..

Vasfi Mahir KOCATÜRK

Dize (Mısra) : **Şiirde tek satıra verilen ad.**
Beyit : **Konu ve ölçü bakımından birbiriyle ilgili iki dize.**
Dörtlük (Kıta) : **En az dört dizeden oluşan şiir ya da şiir parçası.**
Ozan (Şair) : **Şiir yazan kimse.**

1 - Her şiiri ayrı ayrı oku. Her mevsimde olanları ve özelliklerini söyle.
2 - Şiirlerde dize, beyit ve dörtlükleri göster, ozanlarının isimlerini yaz.
3 - Şiirlerdeki uyakları incele. Nasıl bir farklılık görüyorsun ?
4 - Kasım, mart, ocak, haziran, aralık, ağustos, şubat, ekim, mayıs, eylül, nisan, temmuz. Karışık olarak verilen bu ayları doğru sıraya koy ve mevsimleri söyle.

İlkbahar Sevinci

Dağlar, kırlar, bayırlar güneşle doluydu. Uzun ve zorlu geçen bir kıştan sonra ortalık bahara kavuşuyordu. Her yanda bir canlılık, bir güzellik göze çarpıyordu.

Kış uykusuna yatmış hayvanlar artık uyanıyor, yılanlar, çıyanlar kıvrılıp bükülerek canlılıklarını kanıtlıyorlardı.

Eriyen karlarla, göllerin, ırmakların suları çoğalmıştı. Dağlardan ovalara gürül gürül bir akış başlamıştı.

Tazecik çimenler göz alabildiğine uzanıyordu. Çayırlar, bakımlı tarlalar, bahçeler yemyeşil bir renge bürünmüştü.

Bir tavşan, otlar içindeki yuvasından dışarı çıktı. Güneşli bahar havasının verdiği sevinçle bıyıklarını oynattı. Uzun, sivri kulaklarını salladı. Sonra taze sebzelerle karnını doyurmak için zıplaya zıplaya bahçelere doğru uzaklaştı.

Sadiye AKAY

Cins isim : Aynı cinsten çok olan varlıkların adlarına cins isim denir. Cins isimler, cümle içinde küçük yazılır.
Tek bir varlığı belirten isimlere tekil isim denir. dağ, göl, yılan, bahçe...
Aynı türden çok varlığı belirten isimlere çoğul isim denir. dağlar, göller, yılanlar, bahçeler...

1 - Metinde geçen cins isimleri bul. Bunlar tekil mi, çoğul mu ?
2 - Örnekteki tekil isimler hangi ekleri alarak çoğul oldular ?
3 - Metindeki çoğul isimleri bulup, alt alta yaz. Yanlarında tekil isim yap.
4 - Hangi hayvanlar kış uykusuna yatıyorlar ? Canlılıklarını nasıl kanıtlıyorlar ?
5 - İlkbaharda hangi değişiklikler oluyor ?

Küçük Ayva Ağacı

Ben küçük bir ayva ağacıyım.İlk meyvelerimi bu yıl verdim. Tam yedi tane sarı ayvam var.

İlkbaharda çiçek açtım. O zaman çok heyecanlandım. Yazın meyvelerim ortaya çıktı. Bütün gücümü onlara verdim. Hepsini özenle büyüttüm.

Sonbahar geliyor, havalar yavaş yavaş soğuyor. Ağaçlar, otlar sararıyor. Ben de sararıyorum. Yapraklarım birer, ikişer düşmeye başladı. Meyvelerim ise kocaman ve sapsarı oldu. Sahibim,yakında onları benden ayıracak.İnanın fazla üzülmüyorum. Çünkü onları sizler yiyeceksiniz. Yiyin, afiyet olsun. Ben, gelecek yıl yine çiçek açacağım. Sizin için yine meyve vereceğim.

Yağmur Sivaslıoğlu

Sıfatların anlamlarının güçlendirilmesine pekiştirme denir.

sarı >>> sapsarı, siyah >>> simsiyah, Temiz >>> Tertemiz, boş >>> bomboş...

1 - Ayva kendisini nasıl tanıtıyor ? Ayvadan, kendisi hakkında neler öğreniyorsun ?

2 - Sarı ile sapsarı arasında ne fark var ? Örnekteki diğer sözcükleri karşılaştır. Bunlarla cümleler kurarak aralarındaki farkı göster.

3 - Sonbaharda hangi değişiklikler oluyor ?

4 - Son paragraftaki fiilleri bul ve bunları zamanlarına göre ayırarak yaz.

Herşey Tersine

Kış gelince,
Mayomu giyer, çıkarım dışarı.
Yaz olunca,
Paltomu giyer, takarım şalımı.
Akşam olunca kalkar,
Sabah olunca yatarım.
Sevinince ağlar,
Üzülünce gülerim.
Kulaklarımla görür,
Gözlerimle duyarım.
Ellerimle yürür,
Ayaklarımla tutarım.
Limonatayı yer,
Makarnayı içerim
....

1 - Burada neler tersine oluyor ? Gerçekte de böyle olsa neler olurdu.
2 - Bunları doğru olarak defterine yaz.
3 - Herkes, örnekte olduğu gibi, olayların tersine geliştiği bir metin yazsın. Bu metinleri sıra arkadaşınızla değişin. önce olduğu gibi okuyun. Sonra düzeltin.

Bilmeceler

Kuyruğu var, at değil,
Kanadı var, kuş değil,
Suda yüzer gemi değil,
Bil bakalım bu nedir?

Ben giderim, o da gider,
Kolumda tık tık eder.

Uzun kulaklı,
Kısa kuyruklu.

Her akşam yatar,
Ortalık kararır.
Her sabah kalkar,
Ortalık ağarır.

Kümeslerin efesi,
Her sabah çınlar sesi.
Sanırsın ezan okur,
Uyandırır herkesi.

Fırında pişer,
Mideye düşer.

Biz biz idik,
Yüz bin tane kız idik.
Gece oldu dizildik,
Gündüz oldu silindik.

Ben beslerim,
O büyür.
Gün gelir açılır,
Kokuları saçılır.

Gökte gördüm bir köprü,
Rengi var yedi türlü.

Yer altında, turuncu minare.

1 - Bilmeceleri oku ve ezberle.
2 - Bilmecenin cevaplarını bulurken nelerden yararlanıyorsun ?
3 - Bir bilmeceyi bilemezsen, soran kişiden neler istersin ?
4 - Başka bilmeceler bul ve beş tanesini defterine yaz.

Cevaplar: **Gökkuşağı, yıldız, kitap, havuç, güneş, horoz, saat, çiçek, tavşan.**

İnsanlar ve Meslekler

İnsanların rahat ve güzel yaşaması için pek çok şeye gereksinmesi vardır. Beslenmek, giyinmek, barınmak, öğrenmek ve seyahat etmek bunların başında gelir. Bu gereksinmelerinin hepsini yalnız başlarına karşılayamazlar. İnsanlar, bu nedenle aralarında iş bölümü yapmışlardır. Çevremizde bulunan insanlar çeşitli işlerle uğraşırlar. Bir kimsenin, geçimini sağlamak için sürekli olarak yaptığı bu işlerin her birine meslek denir. Terzilik, fırıncılık, öğretmenlik, duvarcılık şoförlük vb. birer meslektir. Her mesleğin kendine göre ayrı bir önemi ve değeri vardır. İyi bir meslek, kendimize, ailemize ve diğer insanlara daha güzel bir yaşam sağlar. Bunun için Türkçe'de çok güzel bir atasözü vardır. "SANAT ALTIN BİLEZİKTİR."

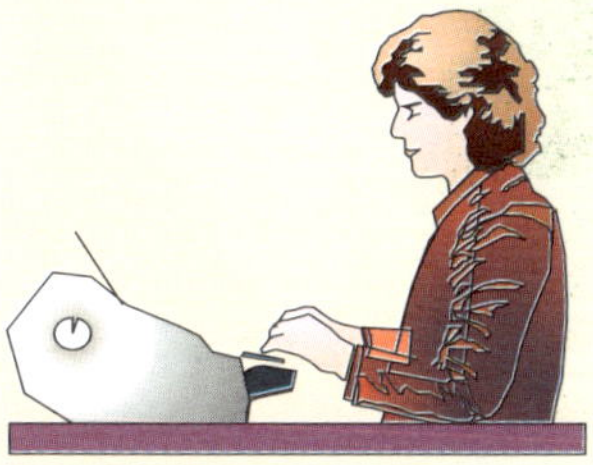

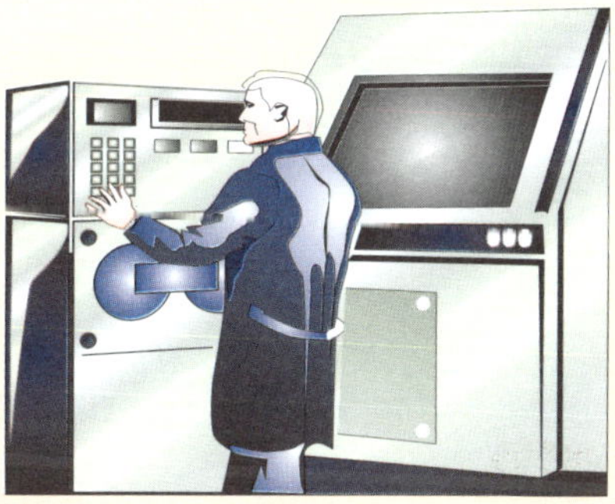

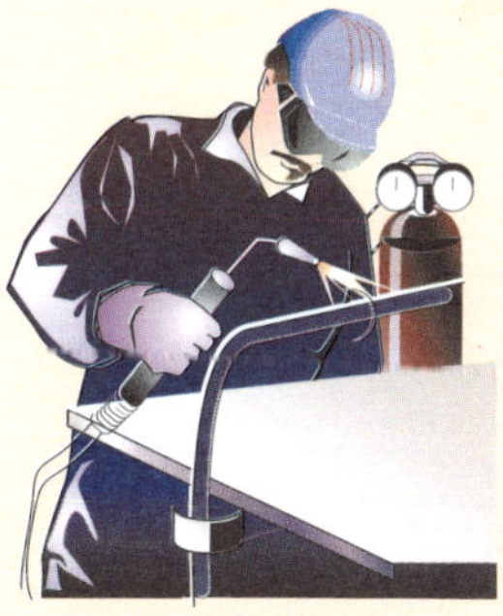

1 - Meslekler niçin oluşmuştur ?
2 - İyi bir meslek insanlara neler kazandırır ? Nasıl ?
3 - "Sanat altın bileziktir" atasözünün anlamı nedir ?
4 - Resimlerde, hangi meslekleri görüyorsun ? Bunlar hangi işleri yapıyorlar ?
5 - Meslekleri iş kollarına göre ayırarak yaz.

- ❖ **Beslenme iş kolu** : fırıncı, manav,...
- ❖ **Giyim iş kolu** : terzi, ayakkabıcı,...
- ❖ **Barınma iş kolu** : duvarcı, mimar,...
- ❖ **Eğitim iş kolu** : öğretmen, yazar,...
- ❖ **Seyahat iş kolu** : şoför, otelci,...

Babanızın İşi

—Babam öğretmendir,
Kucak kucak bilgi döker
Çocuklarına...
Bütün dünya çocukları onundur.

—Babam terzidir
Yüreğini katar
Diktiği giysilere

—Babam şarkıcıdır
En güzel ezgileri taşır
İnsanların yüreklerine

—Babam Postacıdır
Sevinçlerini, acılarını
Öğrenir insanlar
Onun taşıdıklarıyla

—Babam mimardır
İnsanların rahat
Edecekleri biçimde
Yapılar çizer
Süsten hoşlanmaz.

— Babam ressamdır.
Dünyayı güzele
Boyar.

—Babam doktordur
Parası var mı
Yok mu demeden
Herkese sağlık verir.

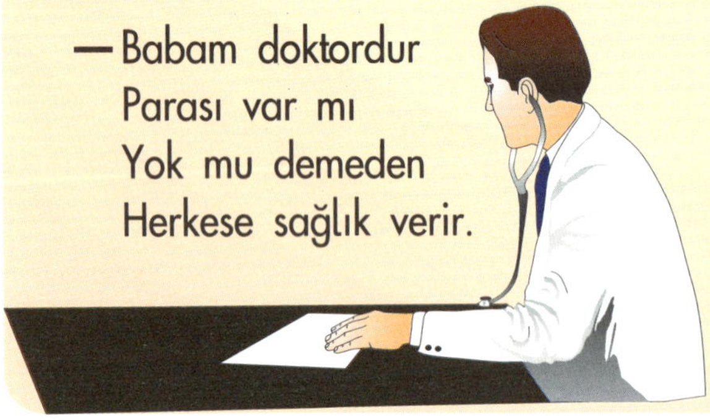

— Babam şairdir.
Onu ilgilendirir
Dünyanın gidişi.
Barışın dostluğun
Kardeşliğin
Şiirini yazmaktır işi.

Aslıhan Deniz

1 - Bu şiiri, "babam" yerine, annem, ablam, abim, diğer akraba veya tanıdıklarını getirerek oku.
2 - Yazılar olmasa, yalnız resimlerden meslekleri tanıyabilirmisin ? Nasıl tanırsın ?
3 - Şiirde geçen meslek isimlerini bul. Yaptıklarını tek cümle ile yaz.

Öğretmen, öğrencilere bilgi verir.
Mimar, binaların plânını çizer.

İnsan Bir Devdir

uçak, helikopteru dünyada bir dev var.

Bu devin öyle kolları var ki, hiç güçlük çekmeden
bir lokomotifi kaldırabilir.

Bu devin öyle ayakları var ki, günde binlerce
kilometre koşabilir.

Bu devin öyle kanatları var ki, bulutlar üzerinde,
kuşların çıkamadığı yükseklikler de uçabilir.

Bu devin öyle yüzgeçleri var ki, su altında balıklardan
daha iyi yüzebilir.

Bu devin öyle gözleri var, kulakları var ki, görülmeyenleri
görür, başka bir kıtada konuşulanları işitir.

Bu dev o kadar güçlüdür ki, dağları delip geçer ve
dolu dizgin akıp giden suları durdurur.

Bu dev, yeryüzünü istediği gibi değiştirir, ormanları diker,
denizleri birleştirir, çölleri sular.

Kimdir bu dev?

- uçak, helikopter
- televizyon, radyo
- vinç, kaldıraç
- tünel, baraj
- kanal
- denizaltı
- otomobil, otobüs..

1 - Yandaki anahtar sözcükler, hangi dizelerde anlatılıyor ? Bunları göster.
2 - Resimle şiir arasında ne gibi bağlantılar var ?
3 - İnsan, neden "dev"e benzetiliyor ? Sembol olarak. devle ne anlatılmak isteniyor ?

Cevap : Bu dev İNSANDIR.

Dürüst Oduncu

Çok eskiden yoksul bir oduncu vardı.
Ormanda, göl kıyısında odun kesip satardı.
Bütün gün çalışırken bir de şarkı tutturur.
«Çocuklara ekmek» derdi. «Vur baltam vur.»

Bir gün vurunca hızla ağaçlardan birine,
Fırladı gitti baltası elinden gölün ta dibine.
Oturdu suyun kıyısına zavallı oduncu,
«Açlıktan ölecek çocuklar,» diye düşünüyordu.

Birden açıldı gölün suları, bir genç kız çıktı.
Beyazlar giyinmişti ve saçları altın sarısıydı.
Bir şarkı söyler gibi oduncuya seslendi :
«Üzülme, işte getirdim baltanı,» dedi.

Ama ne görsün yoksul oduncu, uzatınca elini,
Genç kızın verdiği balta altın değil mi ?
"Ah!„ dedi. «Benimki demirdendi, yanlışlık olacak,»
O zaman kayboldu kız derin sulara dalarak.

Oduncu üzgün düşünürken kız yeniden göründü,
Elinde başka bir baltayla. «Her halde budur!» Güldü.
Oduncu «Hayır!» dedi. «Bakın gümüşten o da!»
Kız sarı saçlarıyla gene kayboldu sularda.

Sonunda genç kız kaynak gibi fışkırdı sulardan.
«Gülsün artık yüzün» dedi. «İşte demir baltan!
Ama öbür ikisini de armağan ettim sana.
Dürüstlüğün karşılığı olarak götür çocuklarına.»

Genç kız suya dalarken oduncu aldı baltasını,
Vurdu büyük bir ağaca. Ve söyledi şarkısını:
«Yavrularım bundan böyle hep doyacak karnınız,»
«Çünkü doğrulukla kazanıyor ekmeğini babanız.»

Doğan Kardeş'ten

Sıfat : Varlıkların biçimini, durumunu, şeklini, sayısını ve rengini bildiren sözcükler.

yuvarlak masa - ***hasta*** çocuk - ***dördüncü*** sınıf - ***sarı*** çiçek - ***büyük*** şehir

1 - Yukardaki masal, şiir türünde yazılmış. Sence, hangi tür masal daha iyi ? Neden.
2 - Bu masal nerede geçiyor? Masal kahramanları kimlerdir?
3 - Oduncu ve genç kız nasıl birisi? Bunu nerden anlıyorsun?
4 - Oduncu, altın ve gümüş baltaları almayınca, genç kız neler söylüyor?
5 - Oduncu demir baltasına kavuşunca neler yapıyor neler söylüyor?

Uçurtmalar

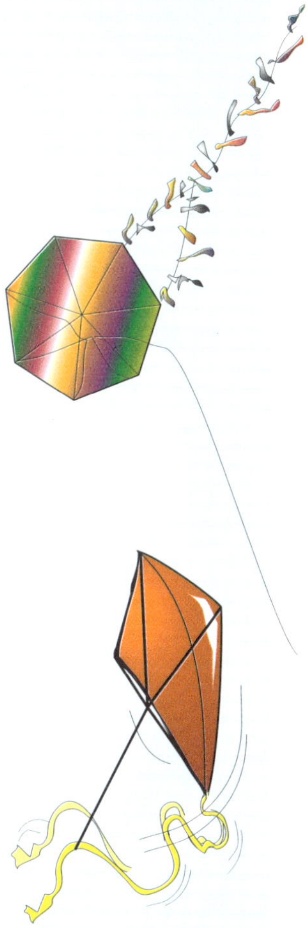

Çocukluğumda benim başlıca eğlencem uçurtma idi.

Uçurtmanın kendine göre bir yapılış yolu vardı. Uçurtmalar ince çıta ve sicimlerle yapılmış hafif bir çerçevenin üzerine renkli kâğıtlar kaplanarak yapılırdı.

Uçurtmanın üç şekli vardı: Dört köşe, altı köşe ve armudi. Bunlardan yapması en zor armudi dediğimiz uçurtma idi. Bunun terazisini bulmak güç olduğundan bu biçim uçurtmalar baş vurur, yani tepe aşağı dönerek yere çakılırdı.

En çok yapılan uçurtma biçimi altı köşeli olandı. Üç ince çıtayı artalarından bağlayarak ve uçlarını da eşit aralıklarla gergin sicimle birleştirerek yapılırdı.

Uçurtmaların bir kuyruğu, bazen de yan küpeleri olurdu. Uçurtmanın canı bağlı olduğu sicimdi. Bu sicim ne kadar uzun olursa o kadar yükseğe çıkardı. Fakat belli bir yükseklikten sonra ipin ağırlığı uçurtmanın yükselmesine izin vermezdi, ama uzaklaşırdı.

Yuvarlak kesilmiş kartonlar ortalarından delinir, uçurtmanın ipine geçirilirdi, böylece bunlar uçan uçurtmaya gönderilirdi. Buna telgraf denirdi.

Burhan Felek

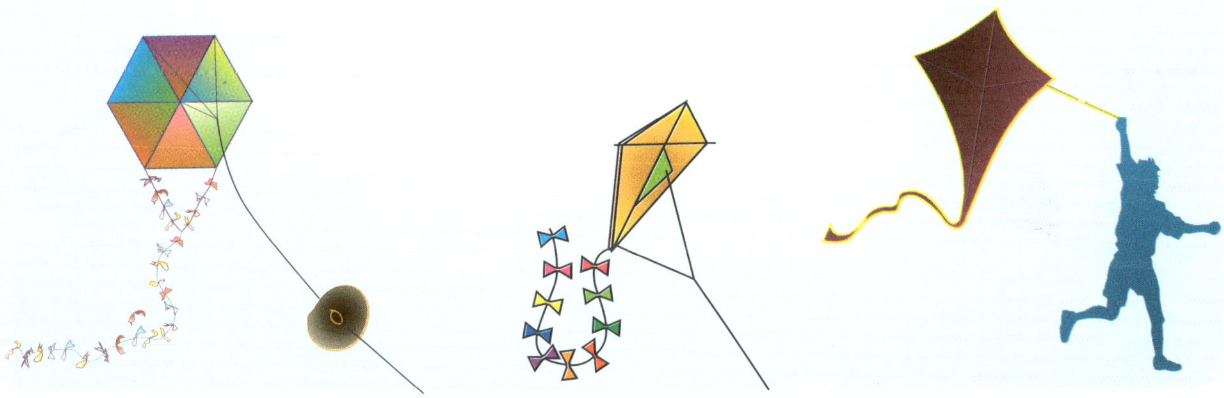

1 - Kaç çeşit uçurtma vardır ? Bunlardan yapması en zor olanı hangisidir ?
2 - Armudi, limoni ne demektir? Bunlarla cümle kur.
3 - Uçurtma yapmak için hangi malzemeler gereklidir ?
4 - Uçurtma nasıl yapılır ? Sırasıyla tarif et.
5 - Belli bir yükseklikten sonra, uçurtma neden yükselmez ?
6 - Uçurtmada, nasıl telgraf çekiliyor ? Postaneden nasıl çekilir ?

Uzun Duvar

–Uzun duvar uzun duvar!..
Uzadıkça niçin uzarsın?

–Fare, fare!..
Uzun duvarı niçin deliyorsun?..

–Kedi, kedi!..
Fareyi niçin avlıyorsun?..

–Köpek, köpek!..
Kediyi niçin kovalıyorsun?

–Sopa, sopa!..
Köpeği niçin dövüyorsun?..

–Ateş ateş!..
Sopayı niçin yakıyorsun?..

–Su, su!..
Ateşi niçin söndürüyorsun?

–İnek, inek!..
Suyu niçin içiyorsun?

–Uzarım, uzarım ya,
Fare de beni deliyor...

–Delerim, delerim ya,
Kedi de beni avlıyor...

–Avlarım, avlarım ya,
Köpek de beni kovalıyor...

–Kovalarım, kovalarım ya,
Sopa da beni dövüyor...

–Döverim, döverim ya,
Ateş de beni yakıyor...

–Yakarım, yakarım ya,
Su da beni söndürüyor...

–Söndürürüm, söndürürüm ya,
İnek de beni içiyor.

–İçerim, içerim ya,
Sahibim benden süt bekliyor.
Ot yemezsem, su içmezsem
Sütü nasıl yaparım.

Öyleyse inek suyu içsin
Su ateşi söndürsün
Ateş sopayı yaksın
Sopa köpeği dövsün
Köpek kediyi kovalasın
Kedi fareyi yakalasın
Fare duvarı delsin
Uzun duvar da uzadıkça
U-za-sıın...

Hikmet Altınkaynak

Türkçe' de iki çeşit "de" vardır.
1-) "Dahi, bile, ve" anlamlarına gelen, genellikle bağlaç olan "de" ayrı yazılır.
Ben **de** *geliyorum.* *Sen almasan* **da** *olur.*
2-) Ad soyundan olup, sözcüklerin sonuna gelen, ses bakımından onlara uyan "-de", bitişik yazılır. *ev***de**, *okul***da**, *on***da**, *yukarı***da**, *İzmir'***de**, *pencere***de**.

1 - Şiiri, soru-cevap şeklinde vurgulara dikkat ederek oku.
2 - Resimden yararlanarak, olayları sırasıyla anlat.
3 - Şiirin sonuç bölümünü defterine yaz.
4 - Ayrı yazılan "de" veya "da" bağlaçlarını bul ve ikişer örnek yaz.

Ters Lale

Mimar Sinan bir yüzyıl yaşadı. Yarım yüzyıl "Mimarbaşılık" yaptı. Dört Sultan çağında yapılar yaptı.

Sultanlardan İkinci Selim, ondan, çok sevdiği Edirne'de bir yapı istedi. Bu Süleymaniye'deki gibi yapılar topluluğu olacaktı. İçinde okullar, cami olacaktı.

Sinan yapı yeri olarak Edirne'nin en güzel tepesini seçti.

Ancak seçtiği yerin ortasında bir bahçe vardı.

Bu bahçenin sahibi orada çiçekler yetiştiriyordu. Bahçesini öyle çok seviyordu ki oradan ayrılmayı hiç istemiyordu.

Cami yapmak için gönül kırmak, hele gönlü olmadan birinin yerini elinden almak, o günlerde kesinlikle olası değildi.İnanışa göre o cami tanrı katında onay görmezdi. Yapılsa da boşunaydı.

Bu inanış kimi camilerin yapımında önemli sorunlar çıkarmıştı. Örneğin Süleymaniye yapılırken, yapı yerindeki iki evi boşaltabilmek için çok uğraşılmıştı. İçinde oturanlara tatlı diller dökülmüştü. Birine istediği yerden başka bir ev alınmış; öteki için de yeni bir ev yaptırılmıştı.

Selimiye'nin yapım yerindeki bahçenin sahibi de yerini cami için olsa bile vermek istemiyordu.

Sinan diller döküyor, karşılıklar gösteriyordu. Ama, bahçenin sahibi gerçekten ters bir kişiydi.

Ancak çok uğraştıktan sonra yerini değiştirmeğe gönlü oldu.

Sinan yıllarca uğraştıktan sonra ustalığının en yetkin yapıtını bitirdi:

O çiçek sever ama ters kişiyi yapısının bir yerinde anımsatmaktan kendini alamadı.

Caminin tam ortasında müezzinler için yapılan, mermer direkler üzerinde bir yükselti vardı.

Bunun mermer direklerinden birinin üzerine ters bir lale kabartması yaptırdı. Böylece, çiçekle bahçenin sahibinin çiçek severliğini, ters duruşuyla da ters bir kişi oluşunu simgeliyordu.

Bu olay öyküleşti. Yıllarca anlatıldı durdu.

Edirnelilere sorarsanız, Edirne'ye gelip de "ters lale"yi görmeyen Edirne'yi görmüş sayılmazmış.

Cengiz Bektaş

Söylence (Efsane): Olağanüstü varlıkları, imgesel olayları anlatan gerçek dışı öyküler.
Söylenti (Rivayet) : Ağızlarda dolaşan, doğruluğu bellli olmayan söz.

1 - Mimar Sinan kimdir ? Neler yapmıştır ?
2 - Bahçe sahibinden, caminin yeri, neden zorla alınıp, cami yapılmıyor ?
3 - Selimiye camisinin içindeki "ters lale" neyi sembolize ediyor ?
4 - Edirneliler, "ters lale" için ne söylüyorlar ?
5 - Bir caminin içinde ve dışında, hangi bölümler oluyor ?

Hayat Kurtaran Virgül

Eski zamanda kralın birinin tembel, biraz da şımarık bir oğlu varmış. Ders çalışmayı hiç sevmezmiş. Babası, özel öğretmen tutmuş. Ama o, söyleneni dinlemiyor, öğretilenleri tekrar etmiyor ve yaramazlık yapıyormuş.

Bir gün öğretmen çok kızmış ve öfkeyle bağırmış:

- Çalış, baban gibi eşek olma, demiş.

Okumayı sevmeyen çocuk, bunu bahane etmiş, sevinerek babasına gitmiş ve "öğretmen sana eşek dedi" diye, şikayet etmiş.

Bunu duyan kral, öğretmeni derhal huzuruna çağırtmış. Oğlunun söylediklerini tekrar etmiş ve bunları söyleyip söylemediğini sormuş.

Öğretmen:

-Evet, sayın kralım söyledim, demiş.

Kral, daha da kızgın bağırmış:

- Ne? Sen koskoca krala "eşek" dedin öyle mi? Derhal idam edin bunu!

Öğretmen yalvararak şöyle demiş:

- Haşa, kralım siz yanlış anlamışsınız. Ben öyle söyler miyim? Mümkün mü? Siz bir kalem kâğıt verin. Ben ne söylediğimi aynen yazayım.

Son isteği diye, öğretmene istediklerini vermişler. Öğretmen şunları yazmış.

Çalış baban gibi, eşek olma.

Kral yazıyı okuyunca gözleri büyümüş, memnun olmuş, yüzü gülmüş ve öğretmene:

- Kusura bakma öğretmen bey. Herhalde oğlum dersten kaçmak için böyle söyledi. Sana hediye olarak bir kese altın veriyorum. Oğluma da, ceza olarak her gün fazladan bir saat ders vereceksiniz, demiş.

1 - Kral öğretmene niçin kızıyor?
2 - Öğretmeni kurtaran nedir? Nasıl kurtarıyor?
3 - Bu masal bize ne öğretiyor?
4 - Parçada hangi noktalama işaretleri var? Defterine isimleri ile yaz.
5 - Noktalama işaretleri olmasa neler olurdu?

Televizyondaki Reklâmcı Amca

İlk önce,
Kumbaralar gösterip
Para biriktirmemi öğütlüyorsun.

Sonra da
Bu sakızı çiğne,
Şu çikolatayı ye,
Bu gazozu iç
Diyorsun.

Tanrı aşkına,
Sen benim harçlığımın,
Kaç para olduğunu,
Biliyor musun ki?

Hem para biriktirmemi,
Hem de söylediklerini
Tüketmemi istiyorsun.

Yalvaç Ural

1 - Reklamlarda bakan çocuk neler düşünüyor ?
2 - Bunlara ne eklemek istersin ? Reklamların olumlu yanı yok mu ? Varsa neler.
3 - Nerelere reklam görüyorsun ? Bu konuda neler düşünüyorsun ?
4 - Üretmek ve tüketmek ne demektir ?

El Elden Üstündür

Kentin orta yerindeki kocaman kaya hem halkın, hem belediyenin başına dert olmuştu. Alanın güzel görünümünü bozuyor, gidiş gelişi de aksatıyordu. Başkan mühendisleri çağırdı, taşın kaldırılmasını istedi ve bunun kaç paraya yapılabileceğini sordu.

Birinci mühendis düşüncesini söyledi:

– Kayayı parçalayalım, böylece taşınması kolay olur. Parçalayıp atma masrafı tutsa tutsa sekiz bin ruble tutar.

İkinci mühendis bu fikre katılmadı. O daha başka bir yol önerdi.:

– En iyisi yuvarlaya yuvarlaya kentin dışına çıkarmak. Daha ucuza çıkar. Altı bin rubleyle kayadan kurtuluruz.

Ne belediye başkanı, ne mühendisler, o sırada meydanda bulunan bir işçinin merakla onları dinlediğinin ayrımında değillerdi. İşçi yanlarına yaklaşıp düşüncesini açıkladı:

– Ben bu taşı yüz rubleye (*) kaldırabilirim.

Başkan da mühendisler de şaşırmışlardı. Sordular:

– Nasıl ?

İşçi kayaya doğru yürüdü. Taşın dibini parmağıyla göstererek düşüncesini açıkladı.

– Şuraya kayanın hemen dibine bir çukur açarım. Çıkan toprağı alanın her yanına güzel yayarım. Kayanın altına bir sırık koyar, onu bu çukura yuvarlarım, üstünü toprakla örterim. Böylece de kayadan kurtulursunuz.

Akıllı işçi hemen işe koyuldu.

Belediye başkanı ona yüz ruble yaptığı iş için, yüz ruble de bu güzel buluşu için verdi.

L. Tolstoy

(*) Ruble: Rus para birimi.

Dipnot : Metinle ilgili bir bilgi verilmesi gerekli görülen yerlerde sözcüğün yanına yıldız(*), ya da rakam konur. Bu işaret sayfa altına konur ve gerekli açıklamalar yapılır.

1 - Belediye başkanı kayayı niçin kaldırmak istiyor ?

2 - Mühendisler nasıl bir çözüm öneriyorlar ?

3 - İşçinin önerisi nedir ?

4 - Yaşadığın kenti güzelleştirmek, çocukların ve insanların daha iyi yaşamaları için neler yaparsın ?

5 - Türk ve Alman para birimleri ne ? Kısa yazılışları nasıl ? Başka bildiklerin var mı ?

Gözlemci Gözde

Gözde gözlemeyi çok sever,
Herşeyi gözler.
"Gözlemek, gözetlemek" en sevdiği iş.
O, iyi bir gözcüdür, gözlemecidir,
Gözlemlerini severek anlatır.
Aynı zamanda gözüpektir,
Hiçbir şeyden korkmaz,
Sınıfının da gözdesidir.

Geçenlerde gözleri ağrıdı,
Annesiyle göz doktoruna gitti.
Göz doktoru gözlerine baktı,
Gözakını, gözbebeğini inceledi:
-Gözlük taşıman gerekiyor, dedi.
Gözde için bir gözlük yazdı.
Gözlükçüye gittiler,
Güzel bir gözlük seçtiler,
Gözlük Gözde'ye çok yakıştı.
Gözlükçülük de hoşuna gitti.
İyi bir meslek, diye düşündü.

Bir sözcükten, ekler çıktıktan sonra kalan anlamlı parçasına kök denir.
Kök halindeki sözcüklere basit sözcük denir. göz, silgi, su, vatan, şeker, tuz...
Ek alarak yeni anlamlar kazanan sözcüklere türemiş sözcük denir.
gözlükçe - silgi - sulu - vatandaş - şekerci - tuzluk...

1 - Şiirde geçen "göz" basit sözcüğünden türemiş sözcükleri, ekleri ayırarak yaz.
2 - Örnekte görülen basit sözcükler, hangi ekleri alarak değişmişler ?
3 - Gözakı, gözbebeği, gözüpek bileşik sözcükleri hangi isimlerden oluşuyor ?
4 - Gözüpek, gözlemek, gözcü, gözetlemek sözcüklerinin anlamlarını söyle.

Yaşasın Cumhuriyet

Bir Öğrenci :

Cumhuriyet ne demek?
Hür yaşamak demektir.
Yurttaş yurttaşı sevmek,
Yurda emek vermektir.

Bütün Sınıf :

Ne beylik, ne sultanlık,
Zengin – fakir bir artık
Herkese eşit haklar,
Kalktı eski yasaklar.

Bir Öğrenci :

Bizi yönetenleri,
Biz seçeriz seçimle.
Dökeriz alınteri,
Yurt mutludur bizimle.

Bütün Sınıf :

Atamız başta bayrak,
Gönlümüzde hürriyet,
Söyleriz haykırarak;
Yaşasın Cumhuriyet.

H. L. Sarıyüce

1 - Bu şiiri ezberleyin ve bayramda canlandırın.
2 - Cumhuriyet ne demekmiş ? Cumhuriyetten önce nasılmış ?
3 - Türkiye Cumhuriyeti kurulduktan sonra neler yapıldı ? Yaz.
4 - "Herkese eşit haklar, kalktı eski yasaklar" ne demektir ?
5 - Yurt, yurttaş, hürriyet, cumhuriyet sözcüklerini sözlükten bulup anlamlarını yaz.

Atatürk Deyince

Atatürk deyince aklıma,
Çalışmak gelir.

Zorlu çetin işlere,
Alışmak gelir.

Kavgaların, öfkelerin üstünde,
Barışmak gelir.

İnsanca, uygarca yaşamak için.
Kendi kendimizle yarışmak gelir.

Özbek İncebayraktar

Çocuklardan Zarar Gelmez

Babam, Atatürk'ün deniz korumasında görevli Polis Müdürlüğü kaptanıydı (1). Atatürk'ü yakından görmeyi çok istiyordum. Bu nedenle, bir gün babam beni de yanında götürdü.

O günlerde Atatürk, İstanbul'daydı. Atatürk, fırsat buldukça İstanbul'a gelir, Boğaziçi'nde gezinti yapardı. Ara sırada da denize girerdi. O gün, Florya'daki deniz köşkünün inşaatı için yapılmış bulunan, uzun tahta iskelenin hemen yanında denize girdi. Çevrede bulunan bütün çocuklar, Atatürk'ü yakından görmek için ona doğru koşuştular. Babam, çocukların önüne geçerek, onları uzaklaştırmaya çalışıyordu. Bunu gören Atatürk:

– Kaptan, bırak çocukları, gelsinler. Çocuklardan zarar gelmez. Onlar yarının büyükleridir, dedi.

Bu anı bende, o zamandan beri bütün tazeliği ile yaşar. Çevremdekilere de bu anıyı anlatmaktan büyük bir haz duyarım.

(1)- Bu anıyı, Atatürk'ün Polis Müdürlüğü Kaptanı, Şükrü Karadeniz'in oğlu, Orhan Karadeniz anlatıyor.

Anı: Bir kimsenin yaşadığı ya da karıştığı olayları anlatan yazı türü.
Günce (Günlük): Günü gününe yazılan anılara günlük veya günce denir.

1- Yukardaki anı, Atatürk'ün hangi özelliğini gösteriyor?
2- Şiirde, Atatürk deyince, çocuğun aklına neler geliyor?
3- Atatürk deyince, senin aklına neler geliyor?
4- Atatürk'ü görsen, ona neler sormak isterdin?
5- Unutamadığın bir anını anlat.

Dünya Çocuklarının Başkenti

Bence dünya çocuklarının başkenti Ankara'dır. Ülkemizde çocuklar, her yıl, Atatürk'ün armağan ettiği kendi bayramlarında eğlenip, oynayıp, coşarken bir düşünce doğdu: "Bayramımıza dünya çocuklarını da çağıralım." Böylece dünya çocukları Ankara'ya davet edildi. Dünyanın her ülkesinden sarışın, esmer, kumral çocuklar... Kara tenli, beyaz tenli, sarı tenli, kızıl tenli, buğday tenli çocuklar Ankara'ya gelip, bayrama katıldılar. Birdenbire Ankara, dünya çocuklarının başkenti oluverdi.

Her dilden, her dinden, her renkten çocuklar... Bir bahçedeki renk renk çiçekler gibi. Hem birbirlerinden çok ayrı, hem birbirlerine çok benziyor. Hepsi de, tek tek güzel. Ama hepsi birlikte daha da güzel. Ankara ise çocuklarla çok daha güzel.Dünya çocukları el ele tutuşmuş halay çekiyorlar. Renk renk, dizi dizi kır çiçekleri gibi...

Halit KIVANÇ

1 - Nerelerden, hangi çocuklar Türkiye'ye davet ediliyor ?
2 - "Dünya çocuklarının başkenti ne demektir ? Türkiye'nin başkenti neresidir ?
3 - "Her dilden, her dihden, her renkten çocuklar..." neye benzetiliyor ? Bunu açıkla ?
4 - Türkiye'ye gelen yabancı çocukla, Türk çocukları ile nasıl anlaşıyorlar ?
5 - Nisanda kutlanan bayramın adı nedir ? Tam olarak yaz.
6 - Hangi benzetmeler ve karşılaştırmalar var ?

Hediyenin En Güzeli

Anneler Günü yaklaşıyordu."Ne yapabilirim ?„ diye düşündüm.Annem canlı çiçekleri çok sever.Ben onun çok sevdiği çiçeği biliyordum: Yaprağı güzel.

Evde boş saksımız vardı.Toprağı bahçeden alacağım.Çürümüş yapraklardan da gübre olur.Yaprağı güzel'in fidesini Aysun verecek.

Düşündüklerimi önce ablama söyledim.

– Çiçeği odamızın penceresinin dışında büyütürüz.Hem annem görmez, hem sağlığımıza zararı olmaz, dedi.

Düşündüğümüzü uygulamak hiç zor olmadı. Çiçek on beş günde boy attı. Yaprakları yeşil, mor, turuncu,kırmızı...renklerin güzel bir karışımı idi.

Anneler Günü'nde güzelce giyindim.Çiçek saksımı aldım.Annemi öptüm,saksıyı ona verdim.Annem çok sevindi:

– Aferin kızım.Çok güzel olmuş. Çok iyi düşünmüşsün, teşekkür ederim, dedi. Sarılıp öptü.

Annem, olanları öğretmenime de anlatmış.

Öğretmenim:

– Aferin Özlem! En güzel hediye, emek verilendir, dedi.

Çok sevindim.

1 - Canlı çiçek deyince aklına ne geliyor ? Yapma çiçek nedir ?
2 - Sence canlı mı, yoksa yapma çiçek mi daha güzel ? Neden ?
3 - Özlem kafasında hangi planları yapıyor ? Bunlardan hangilerini gerçekleştiriyor ?
4 - Geçen "anneler günlerinde" neler yaptın ?
5 - Özlem'in hediyesi neden en güzel hediye oluyor ? Bu konuda sen ne düşünüyorsun ?
6 - Metinde kimlerden söz ediliyor ve adları geçiyor ?

Tatil

Bir kelebek olsam
İncecik, pul pul kanatlı.
Uçsam çiçekten çiçeğe
Neşeyle.
Bir ara durup dinlenirim...

Bir arı olsam,
Bal yapan bir arı.
Çiçektozu toplasam
Renk renk çiçeklerden.
Bir ara durup dinlenirim...

Kelebek ya da arı değilim,
Ben bir öğrenciyim.
Çalıştım aylar boyu,
Kafam bilgi dolu.
Geldi güzel tatilim,
ARTIK DİNLENMELİYİM!..

Ümran Eniştegil

1 - Şiiri vurgularına dikkat ederek oku. Neden vurgulu okunmalıdır?
2 - "Dinlenmek hakkıdır çalışanların" ne demektir?
3 - Sence tatil ne demektir? Unutamadığın bir tatil anını anlat.
4 - Tatilde nerelerde, neler yapmak istersin?
5 - Şiirin son bölümünü defterine yaz.

İçindekiler - *Inhalt*

Sayfa *Seite*	Konular *Themenbereiche*	Sözlü - Yazılı anlatım *Mündl.und Schriftl.Gestalten*	Dil Çalışmaları - Telaffuz Sözcük dağarcığı *Sprachübungen - Aussprache-Wortschatz*	Yazı - Yazım *Schreiben-Rechtschreibung*
14	**Unutamadığım Olay** *Ein unvergessenes Ereignis*	Yaşadığı önemli bir olayı ayrıntıları ile anlatma,betimleme *Ein erlebtes,wichtiges Ereignis detailiert wiedergeben, beschreiben.*	Bir metni, inceleme, satır satır irdeleme. *Textuntersuchung.*	Satır sonunda hecelerin kısa çizgi (-) *Zeilen, Silbentrennung, Gedankenstrich.*
15	**Türkçemiz** *Unser Türkisch*	Anadilin önemi, anadilini sevdirme ve kullanma Anadilini öteki dillerle karıştırmadan konuşma. *Bedeutung der Muttersprache, Muttersprache lieben und benutzen, sprechen ohne mit anderen Sprachen zu vergleichen.*	Anadilini geliştirme çalışmaları, anadili geliştiren etkenler yazımı *Übungen, Faktoren, die die Muttersprache entwickeln.*	Dil, anadil, anadili ile ilgili kavramların *Rechtschreibung der Sprache, Muttersprache und die damit zusammenhängenden Termini.*
16	**A,B,C** *A,B,C*	Türkçe alfabenin sözlü, yazılı ve sırasıyla Harf, hece. *Das türkische Alfabet mündlich, schriftlich in der Reihenfolge wiederholen.*	Türkçedeki sessiz (ünsüz) harfler, bunların farkları. *Konsonanten im Türkischen, ihre Unterschiede und Silbenbildung.*	Heceleri doğru ayırma. Alfabetik sıraya koyma. *Silbentrennung, die alfabetische Reihenfolge.*
17	**Yılın Türküsü** *Das Lied des Jahres*	Her harfle başlayan sözcükle bulma ve adını söylemeden, özelliklerini söyleyerek tanıtmaya çalışma, tahmin ettirme. *Ratespiel: Wörter mit verschiedenen Anfangsbuchstaben, ohne das Wort zu sagen, vorstellen und erraten..*	Sesli harfler, bunları gruplama, büyük ses uyumu. *Vokale gruppieren, Gruss-Vokal-Harmonie*	Sesli harfler. *Konsonanten.*
18	**Harflerin Kraliçesi** *Die Buchstabenkönigin*	Tartışma, tartışmayı sürdürme, olumlu sonuçlandırma. *Diskussion fortsetzen, Ergebnisse erstellen.*	Türkçedeki yabancı sözcükler. Bunları doğru ve yerinde kullanma. *Frendwörter im Türkischen richtig anwenden.*	Yumuşak g (ğ) ve yabancı sözcüklerin yazımı. *Rechtschreibung des "ğ", die Fremdwörter.*
19	**Şifreli Yazı** *Chiffrierte Schrift*	Şifreler ve sembollerden yararlanma. *Chiffren und Symbole benutzen.*	Şifreler ve sembolleri çözmek. Türkçedeki büyük ve küçük temel harfler. *Chiffren und Symbole entschlüsseln, Grossund Kleinbuchstaben im Türkischen.*	El yazısı ve kitap harfleri. *Druck - und Schreibschrift*
20	**Men ki Gara Değilem** *Ich bin nicht schwarz*	Türkçenin yörelere ve ülkelere göre uğradığı değişiklikler. *Veränderung der türkischen Sprache je nach Regionen und Ländern (Mundarten).*	Konuşma dili ile yazma dili arasındaki fark,ağız, şive, lehçe. *Unterschied zwischen der gesprochenen und der Schriftsprache, Dialekte, Mundarten in Standartsprache übertragen.*	Yazı diline uygun yazma. *Rechtschreibung der Schrift-sprache.*
21	**Almanca Öğrenen Köpek** *Ein Hund lernt Deutsch*	İnsanların ve hayvanların anlaşma yolları. Arkadaş ve komşularla günlük yaşamdaki ilişkileri düzenleme. *Verständigungswege zwischen Mensch und Tier. Alltägliche Beziehung zwischen Freunden, Nachbarn organisieren.*	Öteki diller, o dillerdeki sesler ve farklılıklar. *Andere Sprachen, ihre Unterschiede, Klänge.*	Özel isimler. Büyük yazma ve eklerin kesme işareti (') ile ayrılması. *Grossschreibung der Eigennamen, Trennung der Anhänge durch Apostroph.*
21	**Uyaklı Şiir** *Ein Reimgedicht*	Resimleri adlandırma, üzerlerinde konuşma, resimlerden yararlanma. *Bilder benennen, diskutieren Bilder benutzen.*	Sözcük dağarcığını zenginleştirme, uyaklı sözcük. *Reimwörter, Wortschatz erweitern.Wortschatz erweitern.*	

Sayfa *Seite*	Konular *Themenbereiche*	Sözlü - Yazılı anlatım *Mündl und Schriftl. Gestalten*	Dil Çalışmaları - Telaffuz Sözcük Dağarcığı *Sprachübungen - Aussprache-Wortschatz*	Yazı - Yazım *Schreiben-Rechtschreibung*
22	**Hızlı Sözcük Bulma** *Zügiges Wörterfinden*	Hızlı okuma, kavrama, hızla alfabetik sıraya koyma. *Zügig lesen, begreifen, zügig in alfabetische Reihenfolge setzen.*	Sözcük ve yazım kılavuzundan yararlanma. Sözcüklerin anlamları. *Wörterbücher, Lexika benutzen, Wortbedeutungen.*	Yazım kılavuzu kallanma. *Rechtschreib-wörterbücher benutzen.*
23	**Kırmızı Balık** *Der Goldfisch*	Olayın değişik sonuçlara göre devamını anlatma. Öğrendiklerini başka alanlara transfer etme. *Ein Ereigniss je nach verschiedenen Enden weitererzählen. Das Gelernte in andere Bereiche transferieren.*	Şiiri uyarlayıp ayrı bir konuda değişik yazma. *Gedicht bei einem anderen Thema anwenden, andere Schreibart.*	
25	**Akrabalık İlişkileri** *Verwandtschafts-verhältnisse*	Uzak yakın akrabalarla, ilişkiler, gelenek ve görenekler, iş bölümü. *Beziehung zu nahen und entfernten Verwandten,Sitten, Gebräuche, Arbeitsteilung.*	Şiirde vurgu. Soyağacı, ailede yaşam ve kurallar. *Betonung im Gedicht. Stammbaum, Familienleben und Regeln.*	Akrabalık terimlerinin yazımı. *Rechtschreibung der Verwandt-schaftsausdrücke*
26	**Depremi Yaşadım** *Ich habe ein Erdbeben erlebt*	Gördüğünü anlatma.Sosyal yardım kuruluşları ile ilgili bilgi alıp verme. *Das Gesehene wiedererzählen, Information von sozialen Hilfsorganisationen beziehen und weitergeben.*	Cümle ve paragraf nedir? Çeşitleri. Çekimli Fiilleri mastar şeklinde yazmak. *Was sind Sätze, Paragraphen und ihre Vielfalt? Deklinierte Verben in Infinitivformen schreiben.*	Depremle ilgili sözcüklerin yazımı. *Rechtschreibung der Wörter in Verbindung mit Erdbeben.*
27	**Renkler Benim Sevdiğim** *Alle meine Farben*	Duygularını dile getirme. *Gefühle ausdrücken.*	Bağlaçlar ve eşsesli sözcükleri kullanma. Ara ve ana renkler. *Bindewörter, Gleich - Klangwörter anwenden. Haupt - und Zurichenfarben.*	Yan cümle "çünkü" ile başlayan "ve" "ile" bağlacı. *Nebensätze mit "weil" einleitend, "und", "mit" bindend.*
28	**Arkadaşlık Bandı** *Freundschaftsband*	Arkadaş kazanma,arkadaşla iyi geçinme,darılma, barışma. *Freunde gewinnen, sich mit Freunden gut vertragen, streiten, ver söhnen.*	Tarif etme, tarif edileni yapma. *Beschreiben, das Beschriebene ausführen.*	
29	**Fare Ailesi** *Eine Mäusefamilie*	Doğru ve düzgün okuma,okuduğunu anlama ve anlatma. arasındaki fark *Korrektes Lesen, das Gelesene verstehen und wiedergeben.*	Öykünün devamını yazma, metin geliştirme *Die Forisetzung der Geschichte auf schreiben,ein Text entwickeln.*	Takma isimler. (Spitznamen) *Spitzhamen.*
30	**Melek Gibi** *Wie ein Engel*	Fantazi öykü yazma, gördüğü rüyayı anlatma. Rüya, hayal, düşünce arasındaki fark. *Eine erfundene Geschichte auf schreiben, ein Traum erzahlen. Die Unterschiede zwischen Traum, Vorstellung und Gedanken erarbeiten.*	İki dilde burçlar, burçların gerçekle ilgisi. Bileşik sözcükler. *Sternzeichen in zwe; Sprachen. Sternzeichen und ihre Verbindung zur Wirklichkeit. Zusammengesetzte wörter.*	Bileşik sözcüklerin yazımı. *Rechtschreibung der zusammen-gesetzten Wörter.*
31	**Doğum Günü** *Geburtstag*	Önyargılar, önyagılardan kurtulma, kutlama programı hazırlama. Karşı görüşü çürütme,ikna etme. *Vorurteile, sich von Vorurteilen befreien. Eine Feier vorbereiten. Gegenmeinungen widerlegen, überzeugen.*	Davetiye yazma, davet etme, hediye seçme. *Eine Einladung schreiben, einladeu, Geschenk aussuchen.*	Davetiye yazımı. *Wie screibt man Einladungen.*
32	**Güzel Bir Eğlence Kaynağı** *Ein schöner Anlaß zur Feier*	Saygılı konuşma. Rica ve teşekkür etme, teselli, özür dileme. *Mit Respekt sprechen, um etwas bitten, sich bedanken, jemanden trösten, . sich entschuldigen*	Fiilleri olumsuz yapma. Televizyona bakma,programlar. *Negation der Verben. Fernsehgucken, Programme.*	Olumsuzluk eki -me'nin değişimi. *Veränderung des Negationssuffix "me".*

Sayfa *Seite*	Konular *Themenbereiche*	Sözlü - Yazılı anlatım *Mündl.und Schriftl.Gestalten*	Dil Çalışmaları - Telaffuz Sözcük dağarcığı *Sprachübungen - Aussprache-Wortschatz*	Yazı - Yazım *Schreiben-Rechtschreibung*
33	**Mektup** *Der Brief*	Mektup yazma, adres sorma ve yazma.Mektubun yolculuğu. *Briefe schreiben, Adresse erfragen und schreiben. Die Reise des Briefes.*	Mektubun bölümleri. Zarf üzeri yazma. Diğer iletişim araçları. *Briefeinteilungen, Umschlag beschriften. Andere Kommunikationsmittel.*	Mektupla ilgili sözcüklerin yazımı. *Rechtschreibung der Wörter in Verbindung mit Brief.*
34	**Karınca Gözüyle Dünya** *Die Welt aus den Augen einer Ameise*	İnsanlar ve hayvanların yaşamını gözleme, gözlemlerini anlatma. *Das Leben der Menschen und der Tiere beobachten,wiedergeben.*	Benzetme, sözcük dağarcığını zenginleştirme. Not tutma. *Vergleich, Wortschatz erweitern. Mitschreiben.*	Zıt anlamlı sözcükler. *Wörter mit gegensätzlicher Bedeutung.*
35	**İnsandan İnsana** *Von Mensch zu Mensch*	Barış ve uyum içinde birlikte yaşama. Çok kültürlülük. *In Frieden und Harmonie miteinander Leben. Multikulturelle Gesellschaft.*	Fotoğraflarla şiirin uyumu. Türkçe'de ismin cümle içinde beş hali.Tecrübelerini, kendi hislerini anlatma. Başka ülkelerde yaşama şartları. *Harmonie zwischen Gedicht und Bildern. Die fünf Zustände der Namen im Satz ,Erfahrungen und eigene Gefühle ausdrücken. Lebensumstände in verschiedenen Ländern.*	
36	Yabancılık *Das Fremdsein*	Aynı konuda yazılan iki şiiri karlılaştırma. Yabancılık,arkadaşlık. *Zwei Gedichte mit gleichen Themen vergleichen. Das Fremdsein, die Freundschaft.*	Şiir ve şair nedir? Olumlu,olumsuz cümle. *Was sind Gedichte und Dichter? Bejahte und verneinte Sätze.*	-lik eki ile sözcük türetme. *Wörter entwi-ckeln mit dem Suffix "-lik".*
37	**Yabancı** *Der Fremde*	Yabancılarla birlikte yaşama, karşılıklı sevgi, tolerans, kültür farkı *Miteinander leben mit Fremden,gegenseitiges Verstehen, Tolerans, Kulturunterschiede.*	Anons etme, tercüme yapma, dipnot, dipnottan yararlanma *Eine Annance aufgeben, Übersetzungen, Fußnoten und wie sie benulzt werden.*	Noktalama işaret-leri, nokta, iki nokta, ünlem işareti, tırnak işareti. *Interpunktion; Punkt, Doppelpunkt, Ausrufezeichen, Klammer.*
38	**Barış** *Der Frieden*	Barış eğitimi, savaşın kötü yüzü, diğer dillerdebarış. Bilikte yaşama. *Friedenserziehung, das scheußliche Gesicht des Krieges. Frieden in anderen Sprachen. Zusammenleben.*	Sessiz harflerin sertleşmesi: c---Ç, d---T, g---K olur. *Die Veränderung der Konsonanten: c-ç; d-t;g-k*	Dil, ülke ve ulus isimlerinin yazımı. *Rechtschreibung der Wörter in Verbindung mit Sprache, Land,Nation.*
39	**Elimden Gelse** *Wenn ich könnte..*	İstek ve düşüncelerini dile getirme, yazma. Argument bildirme. *Gedanken und Wünsche schriftlich ausdrücken, Argumente auf-führen.*	Yan cümle, şiiri düz yazı olarak yazma. Dilek, duygu,gerçek, düşünce farkı. *Nebensätze; Gedichte als offenen Text schreiben. Die Unterschiede zwischen Wünschen, Gefühlen, Realität, Gedanken.*	-ki bağlacının yazımı *Rechtschreibung des Bindesuffix "-ki"*
40	**Fıkralar** ***Witze***	Fıkra anlatma, fıkrayı anlama ve esprisini kavrama. Fıkralarda zaman. *Witze erzählen, Witze verstehen, **E**sprit begreifen.*	Fıkra anlatma teknikleri, Türk fıkra kahramanları *Techniken des Witzeerzählens. Helden in türkischen Witzen. Zeitfaktor in Witzen.*	
41	**Bir Kitap Doğuyor** *Ein Buch wird geboren*	Olayları sırasıyla anlatma. Resimlerle metinleri karşılaştırma. *Ereignisse in Reihenfolge erzählen. Bilder und Texte miteinander vergleichen.*	Değiştirerek yeniden yazma. Resimli öykü. Kitabın bölümleri. Sözlüğe bakma. *Verändert neu schreiben, Bildergeschichte. Einteilungen der Bücher; Wörterbücher nachschlagen.*	Kitapla ilgili sözcüklerin yazımı. *Rechtschreibung der Fachwörter in Verbindung mit Büchern.*

Sayfa *Seite*	Konular *Themenbereiche*	Sözlü - Yazılı anlatım *Mündl.und Schriftl.Gestalten*	Dil Çalışmaları - Telaffuz Sözcük dağarcığı *Sprachübungen - Aussprache- Wortschatz*	Yazı - Yazım *Schreiben* *Rechtschreibung*
42	**Kitaplar Konuşuyor** *Bücher sprechen*	Yazın türleri, bunların genel özellikleri. Bilgi alma ve verme. *Verschiedenene Schreibarten und ihre Besonderheiten ,Information beziehen und weitergeben.*	Yazın türlerini ayırabilme. Canlandırma. Okuma zevki ve önemi. *Verschiedene Stile untersscheiden. Dramatisierung; Wichtigkeit des Lesens; Motivation dazu.*	
43	**Şiir Bahçesi** *Gedichtegarten*	Çocuk şiirleri, şiirde konu, estetik ve diğer özellikler. Düzyazı- şiir farkı. *Gedichte für Kinder, Themen in Gedichten, ästhetische und andere Eigenschaffen. Unterschied zwischen Texten und Gedichten..*	Şiir yazma, şiir yazarken dikkat edilecek konular. *Gedichte schreiben und worauf man achten muß.*	Bakarak yazma. *Abschreiben.*
44	**Atasözlerimiz**	Atasözlerini tanıma, anlamlarını kavrama ve açıklama. *Redewendungen kennenlernen, begreifen, erörtern.*	Atasözlerini ayırtetme, kullanma. *Redewendungen unterscheiden, anwenden. begreifen,erörtern.*	Atasözlerinin yazımı. *Rechtschreibung der Redewen-dungen.*
45	**Alice Harikalar** *Alice in Wunderland*	Çocuk romanı okuma, özetini ve içeriğini açıklama. *Ein Kinderroman lesen, den Inhalt und den Houptgedankengang erörtern.*	Romanda yer, zaman ve kahramanlar. Kitap tanıtma. *Ort, Zeit, Helden in Romanen. Bücher vorstellen.*	
46	**Tiyatro** Theater	Tiyatroyu tanıtma. El, yüz hareketleri ile anlatma. Theater kennenlernen. Mit Mimik und Gestik erzählen.	Tiyatro ile ilgili kavramlar Gördüğü bir tiyatroyu anlatma. Begriffe in Verbindung mit Theater. Ein gesehenes Theaterstück wiedererzählen.	Tiyatro kavram-larının yazımı. Rechtschreibung der Begriffe in Verbindung mit Theater.
47	**Hacivat ile Karagöz** *Hacivat und Karagöz*	Gölge oyunu, gölge oyununun oynanış şekli ve gerekli malzemeler. *Schattenspiel, wie es aufgeführt wird, die dazu notwendigen Utenzilien.*	Türk gölge oyunu kahramanları, özellikleri. *Helden im türkischen Schattenspiel und ihre Besonderheiten.*	
48	**Karagöz ile Hacivat** *Karagöz und Hacivat*	Gölge oyununu canlandırma. *Ein Schattenspiel aufführen.*	Gölge oyununda ses ve ışık. *Licht, Akustik im Schattenspiel.*	Parantez. ( ) *Die Klammer ( )*
49	**Masalcı Ninem** *Meine Märchengroßmutter*	Masal anlatma. Masalda yer, zaman, ve kahramanlar. *Ein Märchen erzählen; Zeit ,Ort, Helden im Märchen.*	Türk masalında giriş tekerlemesi, kahramanlar ve bitiş. Olağan ile olağan üstülüğün ayrımına varmak. *Eingangsformel, Helden und Schluss in türkischen Märchen. Zwischen Real und Irreal unterscheiden.*	
50	**Keloğlan** *Keloglan*	Masal anlatma teknikleri Masal ile gerçek yaşam. *Märchenerzähltechnicken. Märchen und Realität.*	Masal kahramanlarını ve konusunu değiştirerek yeniden anlatma, yazma. *Märchen mit veränderten Helden und Themen neu erzählen und schreiben.*	
51	**Aydede** *Der Mond*	Tekerleme, ezberleme. *Wortspiele auswendiglernen.*	Diyalog kurma. Belirleyici sorular sorma. Soru cümlesi ve soru sözcükleri. *Dialog aufstellen;markante Fragen stellen; Fragesätze und -wörter.*	Soru işareti (?) *Fragezeichen(?)*
52	**Çocuk ve Doğa** *Kind und Natur*	Betimleme. Doğa bilinci ve sevgisi. *Beschreibung; Umweltbewußtsein und Liebe zur Umwelt.*	Çoğul isimleri tekil yapma.Değişik perspektiften bakma ve yazma. *Plural in Singular umformen. Aus verschiedenen Perspektiven schauen können und schreiben.*	İkilemelerin yazımı. *Rechtschreibung der Verdoppelungen*
53	**Şıpşıp ile Tıptıp** *Schipschip und Tiptip*	Resimden ve metinden bilgi alıp verme. *Information aus Bildern und Text beziehen und wiedergeben.*	İşin aslına göre anlatma. *Sachgerechte Wiedergabe.*	

Sayfa *Seite*	Konular *Themenbereiche*	Sözlü - Yazılı anlatım *Mündl.und Schriftl.Gestalten*	Dil Çalışmaları - Telaffuz Sözcük dağarcığı *Sprachübungen - Aussprache-Wortschatz*	Yazı - Yazım *Schreiben-Rechtschreibung*
54	**Bir Resim Çizdim** *Ich habe ein Bild gemalt*	Resimde gördüğünü şiirde, şiirde olanları resimde bulma. *Das im Bild Gesehene im Gedicht, das im Gedicht Vorkommene im Bild wiederfinden.*	Resimle ve yazıyla kompozisyon yazma. *Mit Hilfe des Bildes, des Textes einen Aufsatz schreiben. Wörter mit Anhängen entwickeln.*	-ci, -li, -gi yapım ekleri. *Anhänge wie "-ci", "-ki", "-gi".*
55	**Sonuçları İçimde Taşıyorum** *Ich trage die Folgen in mir*	Çevre kirliliği, bunu yapan etkenler ve sonuçları. Yok olan hayvanlar. *Umweltverschmutzung, Verursacher,Folgen.Verminderung der Artenvielfalt.*	Konu hakkında kendi görüşünü bildirme, savunma. Ayrı bakış açısı getirme. *Eigene Meinung zum Thema äußern, verteidigen. Durch andere Perspektiven bereichern.*	Çevreyle ilgili sözcükler. *Ausdrücke zum Umweltthema.*
56	**Ağaçlarımız** *Unsere Bäume*	Karşılaştırma, karşılaştırma sonuçlarını not etme. *Vergleichen, Ergebnisse notieren.*	Not alma. Sahip olma ekleri ve değişimi. *Mitschreiben, notieren. Possesivanhäge und ihre Veränderung.*	İyelik ekleri: -im, -in, -İ, -imiz, -iniz,-leri. *Possesivanhänge :-im, -in, -i, -imiz, -iniz, -leri.*
57	**Çevre İçin El Ele** *Hand in Hand für die Umwelt*	Proje planlama. Planlanan projelere katılma, birlikte çalışma. İlgi alanları. *Ein Projekt planen, an geplanten Projekten teilnehmen, zusammenarbeiten; Interessenfelder.*	Çevre koruma ile ilgili bilgiler geliştirme, kampanyalara katılma.Afiş hazırlama. *Informationen, Wissen zum Umweltschulz einholen, Teilnahme an Kampagnen; ein Plakat vorbereiten.*	
58	**Çiçeklerin Teşekkürü** *Der Dank der Blumen*	Betimleme, liste oluşturma, doğa olayları. *Beschreibung, eine Liste aufstellen; Naturereignisse.*	Tür adları (Üst kavram) kapsadığı sözcükler. *Oberbegriffe und Teilbezeichnungen.*	Teşekkür, bitki gibi sözcüklerin yazımı. *Rechtschreibung der Begriffe wie Dank, Pflanzen...*
59	**Duyurular** *Anzeigen*	Betimleme ilan tahtası. Duyurulardan yararlanma. *Beschreibung; eine Anzeigentafel benutzen.*	Duyuru hazırlama. Kısaltmalardan yararlnma. *Eine Anzeige vorbereiten; Abkürzungen benutzen.*	Kısaltmalar. *Abkürzungen.*
60	**Çocuk ve Bahar** *Kind und Frühling*	Karşılaştırma, canlandırma. *Vergleichen; Dramatisieren.*	Çizelge hazırlama, anahtar sözcükleri bulma. *Tabelle anfertigen; Schlüsselwörter finden.*	
61	**Havacılık** *Luftfahrt*	Uçak modeli üzerinde konuşma. Bilgi alıp değerlendirme. *Diskutieren über Flugzeugmodelle; Informationen auswerten.*	Ansiklopediye bakma.Uçak nasıl uçar? Bir gezisini anlatma. *Lexika benutzen. Wie fliegt ein Flugzeug? Reisebericht.*	Teknik terimler. *Technische Ausdrücke.*
62	**Ayda Neler Gördüm** *Was ich alles auf dem Mond sah*	Fantazi ve gerçek: Aya yolculuk. Önemli bölümleri not alma. *Phantasie und Realität: Mondfahrt; Wichtiges notieren.*	Anı anlatmak, anlatılanları 3. şahıs olarak anlamak. Giriş, gelişme ve sonuç bölümü. *Eine Erinnerung erzählen; Erzählung in der 3.Person. Einleitung, Hauptteil, Schluß.*	
63	**Boğaziçi Köprüsü** *Die Bosphorusbrücke*	Bilgi alıp başkasına aktarma. *Informationen beziehen, anderen weitergeben.*	Rakamlar ve tarih. *Zahlen, Daten, Datum.*	Rakamlar ve tarihten sonra gelen sözcükler. *Zahlen, Ausdrücke zum Datum.*
64	**Sabun Kirleri Nasıl Temizler?** *Wie Seife Schmutz beseitigt*	Bilgilendirme, bilgiyi başkasına anlatma. Deneyerek gösterme. *Wissen vermitteln; durch Versuche aufzeigen.*	Yaptığı bir işi sırasıyla anlatma. Deney sonuçlarını yazma. Bilgi veren metinlerle arasındaki farkı görme. *Einen Versuch in der Reihenfolge wiedergeben;Versuchsergebnisse aufschreiben. Zwischen informativen und anderen Texten Unterschiede aufzeigen.*	
65	**Bisiklet** *Fahrrad*	Trafik eğitimi. Önemli önemsizi birbirinden ayırma. İşaretlerin dili. *Verkehrserziehung; zwischen Wichtigem und Unwichtigem unterscheiden; Zeichensprache.*	Trafik kurallarını anlama, anlatma, işaretler ve anlamları. *Verkehrsregeln verstehen, erklären. Zeichen und ihre Bedeutung.*	Trafik terimlerinin yazımı. *Rechtschreibung der Verkehrsbegriffe.*

Sayfa *Seite*	Konular *Themenbereiche*	Sözlü - Yazılı anlatım *Mündl.und Schriftl.Gestalten*	Dil Çalışmaları - Telaffuz Sözcük dağarcığı *Sprachübungen - Aussprache-Wortschatz*	Yazı - Yazım *Schreiben-Rechtschreibung*
66	**Düşünce üretmek** *Gedankenentwick-lung*	Herhangi bir şey üzerinde fikir yürütme. Gerekçe bildirme *Über ein Thema Meinungen entwickeln, Begründungen aufführen.*	Çeşitli olasılıklar üzerinde düşünmek, akla en yakınını bulmak. *Über verschiedene Möglichkeiten nachdenken, die logischste Möglichkeit herausfinden.*	
67	**Eskimolar Nasıl Yaşar?** *Wie leben Eskimos ?*	Bilgi alıp verme, günlük yaşamda kullanma. *Informationsaustausch und diese im Alltagsleben anwenden.*	Başka ülkeler, başka insanlar, başka gelenek, görenek, yaşam tarzı ve değerler. *Verschiedene Sitten,Gebräuche Lebensarten und Werte in anderen Ländern,bei anderen Menschen.*	
68	**Sağlıklı Beslenme** ***Gesunde Ernährung***	Öğrendiklerini günlük yaşamda kullanma, uygulama. *Das Gelernte im Alltag anwenden.*	Varlıkları adlandırma, resim yardımı ile gruplara ayırma, çizelge üzerinde gösterme, verilen öğütleri dinleme, öğüt verme. *Jedes Lebendige hat einen Namen; mit Hilfe von Bildern gruppieren, auf einer Tabelle aufzeigen. Ratschläge anhören, sellst Ratschläge geben.*	
69	**Sevdiğim Meyveler** *Mein Lieblingsobst*	İlgi alanlarına göre soru yöneltme, cevap verme. *Zu Themen Fragen stellen und beantworten.*	Sorulara tek cümle sözcükle değil , tam olarak yanıt verme. *Nicht einzelne Wörter, sondern in ganzen Sätzen Antworten geben.*	Sıra sayılar. 1. birinci, 2. ikinci, 25. yirmibeşinci gibi. *Zahlenreihenfol-ge wie: erste, zweite,fünfund-zwanzigste.*
70	**Elif Doktorda** *Elif beim Arzt*	Bir hastalık anısını anlatma. Sağlık terimleri. *Eine Krankheitserfahrung wiedererzählen; Gesundheitsausdrücke.*	Resimli öykü. Cümleler yardımı ile resimli öyküyü değişik zamanlarda değişik kişilerle anlatma. Hastalık ve ilaç adları. *Bildergeschichte;diese in anderer Zeit, mit anderen Personen erzählen. Krankheitsnamen und Heilungen.*	Hece düşmesi Burun> burnu, Akıl> aklı... *Silbenwegfall.*
71	**Muayene** *Eine Untersuchung*	Diyalog kurma, doktorla ilgili bir anısını anlatma. *Ein Dialog ausstellen; eine Arzterfahrung erzählen.*	Sorulara tam olarak yanıt verme.Canlandırma, devamını anlatma. *Fragen korrekt beantworten. Dramatisieren, Fortsetzung weiter-erzählen.*	Sıfatların derece-lendirilmesi,nok-talama işaretleri-nin tekrarı *Steigerung der Adjektive; Wiederholung der Interpunktion.*
72	**Trafik Kazası** *Ein Verkehrsunfall*	Kompozisyon yazma teknikleri ve örnekleri. *Aufsatzschreibtechnicken und Muster.*	Resim, yardımcı sözcükler ve sorulardan yararlanarak kompozisyon yazma. *Ausgehend von Bildern, Hilfswörtern und Fragen einen Aufsatzschreiben.*	Kompozisyonda 5 N. Ne, nerede, ne zaman, nasıl, niçin? *Was, wo, wann, warum, wie im Aufsatz.*
73	**Hediye** *Ein Geschenk*	Okuduğunu anlama ve anlatma. *Das Gelesene verstehen und wiedergeben.*	Kendine göre değiştirerek yeniden anlatma. Bileşik yapılı fiiller. *Umgestalten und wiedererzählen. Zusammengesetzte Verben.*	Üç nokta. *Drei Punkte hintereinander...*
74	**Çağrı** *Der Ruf*	Başka dillerde selamlaşma, vedalaşma. *Begrüssung und Verabschiedung in anderen Sprachen.*	Türk kültürü, bir yeri tanıtma. Özel isimler. *Türkische Kultur, einen Ort vorstellen; Eigennamen.*	Şehir, dağ, deniz, ülke isimlerinin yazımı. *Rechtschreibung von Städten, Bergen, Ländern.*

Sayfa *Seite*	Konular *Themenbereiche*	Sözlü - Yazılı anlatım *Mündl.und Schriftl.Gestalten*	Dil Çalışmaları - Telaffuz Sözcük dağarcığı *Sprachübungen - Aussprache-Wortschatz*	Yazı - Yazım *Schreiben-Rechtschreibung*
75	**Türkiye** *Die Türkei*	Harita bilgisi ve harita okuma. *Landkartenwissen, Landkarten ablesen.*	Türkiye hakkında özet ve önemli bilgiler.Coğrafya bilgilerini ezberleme. *Wichtige und kurze Information über die Türkei geben. Geographische Daten auswendiglernen.*	İki nokta (:) *Doppelpunkt.*
76	**Almanya** *Deutschland*	Harita bilgisi ve yönetim biçimi. *Landkartenwissen, Verwaltungsform.*	Almanya ile Türkiye'yi aynı bilgiler ışığında madde madde karşılaştırma. Sonuçları not alma. *Deutschland und Türkei unter gleichen Gesichtspunkten vergleichen. Ergebnisse notieren.*	
77	**Ankara** *Ankara*	Bilgi toplama, verileri bir dosyada toplama. *In einer Mappe Information ansammeln.*	Bir yerleşim merkezini tanıtma. Ailemizin geldiği yeri tanıma, tanıtma. *Siedlungszentren kennenlernen. Herkunftsort der eigenen Familie vorstellen, kennenlernen.*	
78	**Kilim** *Kelim*	Deyim nedir? Deyim nasıl ayırt edilir? El işi, fabrikasyon, estetik eğitimi. *Was sind Redewendungen, wie unterscheidet man sie? Handarbeit, Massenanfertigung; ästhetische Erziehung.*	Deyimi doğru ve yerinde kullanma. Türk halı ve kilimleri. *Redewendung passend anwenden. Türkische Teppiche und Kelims.*	Deyimlerin yazımı. *Rechtschreibung der Redewendungen.*
79	**Halay** *Folklorereigen*	Türk müziği, folklorü, giysisi, müzik aletleri, yörelere göre farklılıkları. *Türkische Musik, Folklore, Kleidung, Musikinstrumente und ihre regionalen Unterschiede.*	Yazar tanıtma: Şair Aşık Veysel'in yaşamı ve eserleri. *Ein Schriftsteller: Aşık Veysel sein Leben und seine Werke.*	
80	**Memleketim** *Meine Heimat*	Türkiye'nin güzellikleri, bunlar üzerinde konuşma. *Über die Sehenswürdigkeiten und Schönheiten der Türkei sprechen.*	Memleket bilgisi, memleket sevgisi. *Wie wird die Nationalhymne angestimmt? Andere Nationalhymnen; Respekt.*	
81	**İstiklal Marşı** *Nationalhymne*	İstiklal Marşının sözleri ve anlamı. *Text und Bedeutung der Nationalhymne.*	İstiklal Marşının söylenişi, diğer ulusların marşları ve saygı. *Wie wird die Nationalhymne eingestimmt? Andere Nationalhymnen; Respekt.*	
82	**Memleket İsterim** *Ich möchte eine Heimat*	Hayal gücünü geliştirme, hayal ettiklerini, yazılı olarak anlatma. *Vorstellungskraft entwickeln, schriftlich formulieren.*	Şiiri ezberleme, vurgularına dikkat ederek okuma. *Gedicht auswendiglernen, mit Betonung aufsagen.*	
83	**Hayvan Hakları** *Die Rechte der Tiere*	Düşüncesini gerekçeleriyle söyleme, başkalarının görüşlerine saygı gösterme. *Meinung mit Argumenten vorstellen, andere Meinungen respektieren.*	Tartışma kurallarına uyma,söz alarak konuşma, çocuk hakları bildirgesi hazırlama, hak ve görevlerini bilme ve savunma; Maddeler halinde yazma. *Diskussionsregeln einhalten; um Wort bitten, bevor man spricht; ein Kinderrechtsmanifest vorbereiten; eigene Rechte und Pflichten kennen und verteidigen; in Überschriften festhalten.*	
84	**Hayvanat Bahçesini Geziyoruz** *Wir sind im Zoo*	Plan okuma. Plandaki kısaltma ve semboller. *Einen Plan ablesen; Abkürzungen,Symbole verstehen können.*	Plan kullanma. Plandan aldığı bilgileri değelendirme. Hayvanat bahçesi gezisini anlatma. *Einen Plan benutzen, die angegebene Information auswerten. Zoobesuch wiedererzählen.*	

Sayfa *Seite*	Konular *Themenbereiche*	Sözlü - Yazılı anlatım *Mündl.und Schriftl.Gestalten*	Dil Çalışmaları - Telaffuz Sözcük dağarcığı *Sprachübungen - Aussprache-Wortschatz*	Yazı - Yazım *Schreiben-Rechtschreibung*
85	**Aslancık** *Der kleine Löwe*	Şiiri öykü haline dönüştürme. *Ein Gedicht in freien Text umwandeln.*	Öyküyü değişik zamanlarda anlatma. Sözcüklerin değişik anlamları.Eş anlam. *Die Erzählung in versch-iedenen Zeiten wiedererzählen Wörter mit gleicher und unterschiedlicher Bedeutung.*	Küçültme eki: Dedeciğim, kedicik, kızcağız. *Verkleinerun-gssuffix.*
86	**Kurt ile yaşlı** *Der Wolf und der Alte*	Öyküde üç ana bölümü saptama: giriş, gelişme, sonuç... *Drei Haupteinteilungen in der Erzählung erkennen: Einleitung,Hauptteil, Schluss.*	Öyküyü ayrı bir dille anlatma. *Die Erzählung in anderer Sprache wiedererzählen.*	Sert sessizlerin yumuşaması: Ç>c, K>ğ, T>d, P>b olur. Düzeltme işareti (^): Hâlâ, Kâğıt, Rüzgâr. *Veränderung der harten Konsonanten.*
87	**Dedikoducu Tavuk** *Der tratschende Huhn*	Dedikodunun meydana çıkışı,zararları ve önlenmesi. Sonucunu bulma. *Wie entstehen Gerüchte, Schäden, Vermeidung. Das Ende heraus finden.*	Masalın kahramanları ve canlandırılması. *Helden des Märchens dramatisieren.*	Ana fikrin yazılması. *Den Hauptgedan-kengang schriftlich festhalten.*
89	**Akıllı Keçiler** *Die klugen Ziegen*	Aynı konudu farklı üç anlatımı saptama, birisini seçme. *Drei verschiedene Stile zu einem Thema feststellen, eins aussuchen.*	Kavga, darılma, anlaşmaz-lıkları çözümleme, barışma. *Streit, beleidigt sein, Missverständnisse, Lösungen, Versöhnung.*	Hayvan isim-lerinin yazımı. *Rechtschreibung der Tiernamen.*
90	**Tilki ile Leylek** *Der Fuchs und Storch*	Resimle metni karşılaştırma. Anlatım farkını saptama. *Bilder und Text vergleichen, Erzählart unterscheiden.*	Karikatür ve karikatürle anlatım şekli. *Karikaturstile.*	
91	**Güvercin ile Karınca** *Die Taube und die Ameise*	Fabl okuma, anlama, canlandırma. Verilen dersi anlatma. *Fabel lesen, verstehen, dramatisieren; vesteckte Lehre herausfinden.*	Fabl'daki dört bölüm: Giriş, gelişme, sonuç ve ders verme. *Vier Einteilungen in den Fabeln: Einleitung, Hauptteil, Schluss,Lehre.*	
92	**Arının Türküsü** *Das Bienenlied*	Kendini şiirle tanıtma. *Sich mit Hilfe des Gedichtes vorstellen.*	Zamirler, şahısları değiştirerek şiiri yeniden yazma. Özne yüklemi lişkisi. *Pronomen, Personen verändern, Gedicht neu schreiben. Subjekt - Prädikat - Verhältnis*	Cümlenin öğeleri: Özne yüklem, tümleç. *Satzbestandteile: Subjekt, Prädikat, Objekt.*
93	**Zaman akıyor** *Die Zeit fliesst*	Zaman, zamanı iyi kullanma. *Die Zeit richtig einsetzen.*	Saate bakma, günlük yaşamını planlama. Fiilde üç temel zaman. *Uhrzeit, Alltag planen; drei Hauptzeitformen der Verben.*	Zaman kav-ramları, önce, sonra, yarın, öğle, evelsi gün... *Zeitbegriffe: vorher, nachher, morgen., gestern...*
94	**Dört Mevsim** *Vier Jahreszeiten*	Betimleme, mevsimlerin özellikleri. *Beschreibung; Besonderheiten der Jahreszeiten.*	Şiirde dize, beyit ve dörtlük. Şiirin kurgusu. *Halbvers,Doppelvers, Vierervers und ihr Verhältnis.*	Ayların yazımı. *Scheibweise der Monaten.*

Sayfa *Seite*	Konular *Themenbereiche*	Sözlü - Yazılı anlatım *Mündl.und Schriftl.Gestalten*	Dil Çalışmaları - Telaffuz Sözcük dağarcığı *Sprachübungen - Aussprache-Wortschatz*	Yazı - Yazım *Schreiben-Rechtschreibung*
95	**İlkbahar Sevinci** *Frühlingsfreude*	Bilgi alıp verme,betimleme. *Informationsaustausch; Beschreibung.*	Cins isimler, çoğul ve tekil isimler. *Sachnamen, Nomen in Singular und Plural.*	Cins isimlerin yazımı. *Rechtschreibung der Sachnamen.*
96	**Küçük Ayva Ağacı** *Der kleine Quittenbaum*	Kendini tanıtma, tanıştırma. *Sich bekanntmachen, vorstellen.*	Fiilleri zamanlarına göre ayırarak yazma. *Schriftliche Einteilung der Verben nach ihren Zeitformen.*	Pekiştirme sıfatlarının yazımı: Sapsarı, masmavi, bomboş.. *Rechtschreibung der Intensivierungsadjektive.*
96	**Küçük Ayva Ağacı** *Der kleine Quittenbaum*	Kendini tanıtma, tanıştırma. *Sich bekanntmachen, vorstellen.*	Fiilleri zamanlarına göre ayırarak yazma. *Schriftliche Einteilung der Verben nach ihren Zeitformen.*	Pekiştirme sıfatlarının yazımı: Sapsarı, masmavi, bomboş.. *Rechtschreibung der Intensivierungsadjektive.*
98	**Bilmeceler** *Rätsel*	Betimleme. Betimleme yardımıyla bilmeceyi çözme. *Beschreibung, mit Hilfe der Beschreibung Rätsel lösen.*	Resimle bilmece arasında bağlantı kurup çözümü kolaylaştırma. *Verbindung zwischen Bild und Rätsel herausfinden und leichter zur Lösung gelangen.*	
99	**İnsanlar ve Meslekler** *Menschen und Berufe*	Meslekler ve semboller. *Berufe und Symbole.*	İş kollarına göre meslekleri tasnif etme. Üst kavramı. *Jenach Überbegriffen und Verzweigungen Berufe einordnen.*	Mesleklerin yazımı. *Rechtschreibung der Berufenamen.*
99	**İnsanlar ve Meslekler** *Menschen und Berufe*	Meslekler ve semboller. *Berufe und Symbole.*	İş kollarına göre meslekleri tasnif etme. Üst kavramı. *Jenach Überbegriffen und Verzweigungen Berufe einordnen.*	Mesleklerin yazımı. *Rechtschreibung der Berufenamen.*
100	**Babanızın işi** *Vaters Beruf*	Meslek sahipleri, yaptıkları işler ve ürettikleri. *Berufe, was gearbeitet und produziert wird.*	Meslekleri değiştirerek, değişik kişiler üzerine yazma. *Berufe verändernt über verschiedene Personen schreiben*	
101	**İnsan Bir Devdir** *Der Mensch ist ein Riese*	Anahtar sözcüklerden hareketle, ilgili paragrafı bulma. *Anhand der Schlüsselworte Paragraphen herausfinden.*	Anahtar sözcükleri çoğaltma *Schlüsselwörter vervielfachen.*	
102	**Dürüst Oduncu** *Der ehrliche Holzfeller*	Şiir türünde yazılmış masal. Masalı canlandırma. *Märchen in Gedichtform; Märchen dramatisieren.*	Sıfatlar. *Adjektive.*	
103	**Uçurtmalar** *Die Drachen*	Oyuncak yapma. Oyuncak yapımını sırasıyla anlatma. *Ein Spielzeug herstellen; den Arbeitsgang der Reihenfolge nach erzählen.*	Uçurtma tarifini uygulama, tarifi başkasına verme, açıklama. *Bedienungsanleitung zum Drachenbau befolgen; die Anleitung einem Anderen geben und erklären.*	
104	**Uzun Duvar** *Die hohe Mauer*	Soru cevap şeklinde diyalog kurma. *Mit Fragen und Antworten einen Dialog herstellen.*	Tekerlemeyi ezberleme. Zaman sıralaması. Olayın tersinden anlatma. *Ein Wortreimspiel auswendiglernen. Die Reihenfolge der Zeit. Ein Ereignis vom Schluss beginnend erzählen.*	Ayrı yazılan -de ile bitişik yazılan -de. *Das Zusammen- und Auseinandergeschriebene "de".*
105	**Ters Lale** *Die verkehrte Tulpe*	Efsane okuma, üzerinde konuşma, çevrede anlatılan efsaneler. *Eine Legende lesen, diskutieren. Im Umkreis erzählte Legenden/ Gerüchte.*	Söylence ile söylenti arasındaki fark. *Unterschied zwischen Legenden und Gerüchte.*	

Sayfa *Seite*	Konular *Themenbereiche*	Sözlü - Yazılı anlatım *Mündl.und Schriftl.Gestalten*	Dil Çalışmaları - Telaffuz Sözcük dağarcığı *Sprachübungen Aussprache Wortschatz*	Yazı - Yazım *Schreiben-Rechtschreibung*
107	**Hayat Kurtaran Virgül** *Das lebensrettende Komma*	Noktalama işaretleri. *Interpunktion.*	Noktalama işaretlerinin cümledeki önemi ve görevi. *Aufgaben, Bedeutung der Interpunktion im Satz.*	
108	**Televizyondaki Reklamcı** *Der Reklamemann im Fernsehen*	Sözlü, görüntülü reklamlar. Reklamların önemi ve yanlışlıkları. *Hörbare, sichtbare Reklame. Wichtigkeit, Folgen, Schäden der Reklamen.*	Eleştirme, yarar ve zararları. Reklam afişi yapma, metni yazma. *Kritisieren, Nutzen, Schäden. Werbeplakat und Text vorbereiten.*	
109	**El Elden Üstündür** *Hand in Hand*	Öneride bulunma. Çocuk olarak çevreye katkıda bulunma. *Vorschläge machen. Als Kind/Schüler zur Umwelt beitragen.*	Dipnot, dipnottan bilgi alma. *Fußnoten.*	Para birimleri ve kısa yazılışları *Währungseinheiten und ihre. Schreibweise.*
110	**Gözlemci Gözde** *Die beobachtende Gözde*	Basit ve türemiş sözcükler. Yapım ekleri. *Einfache und zusammengetzte Wörter; Aufhauanhänge.*	Sözcük ailesi; Göz sözcüğünden türetilen sözler. *Wortfamilien.*	
111	**Yaşasın Cumhuriyet** *Es lebe die Republik*	Şiiri ezberleme. Şiirden bilgi alma ve verme. *Gedicht auswendiglernen. Wissen aus den Gedichten herausholen und wiedergeben.*	Şiiri kişi ve koro olarak seslendirme. *Gedicht solo und im Chor vortragen*	
112	**Atatürk Deyince** *Atatürk*	Atatürk ve Atatürk'ün getirdiği yenilikler. *Atatürk und die eingeführten Reformen.*	Anı: Atatürk'te çocuk sevgisi. *Eine Erinnnerung : Atatürks Liebe zu Kindern*	
113	**Dünya Çocuklarının** *Kinder der Welt*	Din, dil, ırk ve renk ayrımı yapmadan birlikte yaşama. *Zusammenleben ohne Diskriminierung der Religion, Sprache, Rasse und Farbe.*	23 Nisan Ulusal Çocuk Bayramı. *23.April Nationales Kinderfest.*	
114	**Hediyenin En Güzeli** *Das schönste Geschenk*	Anneler Gününü kutlama. *Muttertagsfeier*		
115	**Tatil** *Ferien*	Tatil programı yapma. *Ferienprogramm planen.*		